Sociologie de la délinquance et de la justice pénale

Du même auteur

Mediation in Political Conflicts.
Soft Power or Counter Culture ?
Hart Publishing, 2011

Médiations, les ateliers silencieux de la démocratie,
érès, 2010

Médiation et action publique
La dynamique du fluide,
Presses universitaires de Bordeaux, 2005

La justice de proximité en Europe. Pratiques et enjeux,
érès, 2001 (avec Anne Wyvekens)

La médiation. Essai de politique pénale, érès, 1997

Justice et travail social. Le rhizome pénal, érès, 1992

Jacques Faget

SOCIOLOGIE DE LA DÉLINQUANCE ET DE LA JUSTICE PÉNALE

éditions érès

Conception de la couverture :
Anne Hébert

ISBN : 978-2-7492-3871-5
ME - 2000

33, avenue Marcel-Dassault, 31500 Toulouse
www.editions-eres.com

Pour ceux qui m'ont ouvert la voie
Jean-Pierre Delmas-Saint-Hilaire et Philippe Robert

Pour Astrid qui continue le chemin

Pour tous mes étudiants

Avant-propos à l'édition de poche

Je me réjouis que ce livre en soit à sa troisième édition. C'est la preuve qu'il répond à un besoin. Si dans les deux premières éditions mon but était de vulgariser un ensemble de travaux et de connaissances sociologiques sur le crime et la justice, l'ambition de ce troisième opus est plus large. En relisant mes propos, j'ai éprouvé le besoin non pas seulement de les réactualiser mais de leur donner une nouvelle dynamique et une plus grande ampleur. Au cours des dernières années, j'ai lu de nombreux ouvrages et articles, écouté des centaines de conférences et rencontré des dizaines de jeunes collègues dont beaucoup renouvellent avec talent le débat criminologique. Mes perspectives intellectuelles en ont été transformées. Du coup le découpage de cet ouvrage est quelque peu différent de ceux des éditions 2002 et 2007. Mes propos historiques n'ont été que modérément remodelés en fonction de recherches qui avaient échappé à mon attention ou dont je n'avais pas bien estimé l'intérêt. Par contre, parce qu'il retrace un chemin de pensée qui est celui de ma génération et qui a marqué en profondeur l'histoire du champ, je consacre un chapitre entier aux théories de la domination. Enfin, j'ai beaucoup enrichi la seconde partie consacrée à la sociologie de la justice pénale, et surtout je l'ai davantage replacée dans le contexte des controverses scientifiques et idéologiques contemporaines.

En voulant rédiger un ouvrage à vocation internationale, même s'il reflète la perspective d'un chercheur français (probablement en beaucoup de points différente de celle d'un chercheur nord-américain), j'ai fait le choix d'une grammaire francophone ou européenne commune plutôt que d'entrer dans des querelles de clocher. À n'en pas douter, beaucoup de spécialistes seront déçus par certaines de mes synthèses. Mais ce livre ne leur est pas destiné en priorité même s'il peut leur être ponctuellement utile. Il s'adresse surtout à tous les étudiants en sciences sociales et humaines, et en particulier en criminologie, à tous les praticiens du travail social et de la justice pénale et à tous les citoyens curieux de savoir ce que la sociologie peut donner à penser, mais aussi à faire, dans le domaine du crime et de la justice.

Introduction

Alors que les sciences exactes et les sciences de la nature, biologie, mathématiques, astronomie, physique, se sont dégagées de l'étreinte de la métaphysique, les sciences humaines restèrent longtemps bridées par le dogme catholique et la censure politique. La pensée positive qu'Auguste Comte s'efforça d'appliquer à l'analyse des faits sociaux ne fut guère pratiquée dans l'approche des questions criminelles, et l'inquiétude manifestée par la bourgeoisie face à une classe ouvrière grossissante dont elle craignait les révoltes nourrit des approches plus moralistes que scientifiques. En la matière le chemin de la rationalité a de tout temps été semé d'embûches spécifiques.

Le premier obstacle tient à l'irrationalité de l'objet. La peur et la fascination qu'inspire le crime constituent des entraves à une approche objective. Il faut dominer la peur sous toutes ses formes, peur de l'autre, de celui qui est différent, dont les traits ressemblent étrangement au portrait-robot dessiné par Lombroso, front bas, sourcils épais, pommettes saillantes, regard fuyant, stigmates anthropométriques de la lâcheté ou de l'indifférence affective. Il faut dompter la peur qu'inspirent ces hordes de marginaux, de pauvres, d'ouvriers misérables, déracinés par les grandes manœuvres industrielles qui errent dans la promiscuité d'univers urbains anomiques. Il faut aussi maîtriser la fascination qu'inspire le crime. Parler du crime est une valeur d'échange, commerces et cafés résonnent de discours « criminologiques » de sens commun où s'expriment à la fois l'inquiétude et la jubilation. Lire et voir le crime s'inscrivent dans des logiques de marché, *business* lucratif du fait divers, de la littérature policière, des films ou séries télévisées qui, dans une large majorité, puisent leur source d'inspiration dans l'univers du crime et de la délinquance.

Le projet rationaliste en criminologie se heurte aussi à l'irrationalité de l'univers qu'il se propose d'analyser. La base des incriminations pénales est auréolée d'une représentation du péché. Partout les critères de définition du crime et la justification de sa répression s'inspirent clairement de la religion, les dix commandements des religions judéo-chrétiennes, les infractions *had* du droit musulman, le *dharma* de la religion hindoue… La rationalité juridique occidentale non seulement ne rompt pas avec ces racines mais s'inscrit tout entière dans un univers du mythe. La transgression doit être châtiée selon une liturgie. Les magistrats rendent la justice dans un décor souvent boisé censé attirer et leur transmettre un charisme divin. Les lieux du culte pénal présentent tous les symboles d'une église, l'austérité des palais de justice, la disposition des espaces dans les salles d'audience, les vêtements des officiants, la langue judiciaire et ses codes, jusqu'à très récemment encore la présence du Christ surplombant le bureau-autel des magistrats. Nombre de juges, d'avocats, de criminologues des pays occidentaux ont été élevés dans les principes de la foi chrétienne. La spiritualité de leur discours est souvent sensible, l'évolution de la politique pénale a été durablement marquée par des courants de pensée dont la nature confessionnelle est notoire, depuis le courant philanthropique du XIXe siècle jusqu'à celui de la défense sociale nouvelle porté par Marc Ancel[1] qui inspira la plupart des réformes réalisées entre 1945 et 1975.

Malgré ces obstacles la criminologie finit par naître, d'abord en Italie et en France avant de migrer, pétrifiée en Europe par la guerre de 1914-1918, vers les États-Unis. Son essor fut dû plus à des préoccupations d'ordre public qu'à une véritable soif de connaissance scientifique. Il fallait avant tout réguler les turbulences nées de la révolution industrielle (inadaptations, maladies, violences, prédations, révoltes d'un prolétariat qui s'organise). Ce sont des médecins, des juristes, des démographes ou des réformateurs sociaux qui tentèrent de mettre en œuvre une approche rationnelle du crime. Ils ne le firent que de manière peu systématique, mais on peut qualifier leurs approches de présociologiques dans leur façon de souligner l'importance des causes sociales sur la criminalité et de se démarquer des discours alors dominants sur l'importance des facteurs innés. Le débat opposa globalement les juristes, partisans du dogme de l'autonomie de la volonté selon lequel les individus sont maîtres de leurs décisions et doivent être considérés comme pleinement responsables de leurs actes – le fameux traité des délits et des peines de Cesare Beccaria (1764) illustre cette posture – à des médecins ou des philosophes portant l'accent sur les conditionnements de l'activité humaine.

Une criminologique déterministe

La vision positiviste de la délinquance prit des formes diverses et rassembla des chercheurs dont le commun

1. M. Ancel, *La défense sociale nouvelle*, Paris, Cujas, 1981, 3e édition.

dénominateur fut de la considérer à des degrés divers non plus comme un phénomène moral mais comme un phénomène social. Initiée par des statisticiens, déclinée d'une manière plus réformiste par les premiers penseurs socialistes, elle trouva son apogée mais aussi ses limites dans la raison classificatoire mise en œuvre par l'école positiviste italienne.

Dans le sillon des *Observations sur la moralité en France* faites dès la fin du XVIIIe siècle par le baron de Montyon, Jacques Guerry de Champneuf élabora le *Compte général de la justice criminelle*, publié pour la première fois en 1827 sur les chiffres de l'année 1825. Cet outil précieux sera utilisé par son presque homonyme André-Michel Guerry. Dans son *Essai sur la statistique morale en France* (1833) basé sur l'exploitation des chiffres des années 1825 à 1830, il répartit les départements français en cinq régions dans lesquelles il mit en évidence, au moyen d'une présentation cartographique, une constance et une régularité des chiffres de la criminalité. Il objectiva le fait que le crime était un comportement surtout caractéristique d'une population masculine, jeune, urbaine et pauvre. Ce serait le signe que les conduites humaines sont soumises à des lois et que la criminalité n'est pas un phénomène accidentel. Mais c'est le savant belge Adolphe Quetelet qui, dans son *Essai de physique sociale* (1835), alla le plus loin dans cette voie. Il reprit des éléments mis en exergue par Guerry comme l'influence de l'âge, du sexe, de l'instruction, des saisons, la constance de la criminalité d'une année sur l'autre, la régularité des proportions entre délits. Il testa l'existence d'un « penchant au crime », cette probabilité statistique que l'homme a de commettre un crime, qu'il mit en corrélation avec des variables démographiques et sociales. Quetelet ne contesta pas le libre arbitre, car la volonté individuelle est insaisissable, mais démontra que sur un plan collectif, des faits généraux, qui dépendent de la façon dont la société « existe et se conserve », neutralisent les volontés individuelles. Il existerait donc un déterminisme statistique orientant les conduites humaines et permettant « d'énumérer d'avance combien d'individus souilleront leurs mains du sang de leurs semblables, combien seront faussaires, combien seront empoisonneurs, à peu près comme on peut dénombrer d'avance le nombre des naissances et le nombre des décès ». Un autre Belge, Edouard Ducpétiaux, analysant *La condition physique et morale des jeunes ouvriers et des moyens de l'améliorer* (1843), démontra statistiquement que la misère et les crises économiques sont en relation significative avec la criminalité et que le niveau d'industrialisation accroît le nombre des conduites délinquantes.

C'est un déterminisme de nature économique qu'évoquent d'autres travaux focalisés sur l'analyse du nouveau contexte industriel et de la condition ouvrière. C'est ainsi qu'Eugène Buret, dans un ouvrage de 1840 reposant sur une observation des réalités londoniennes et parisiennes (*De la misère des classes laborieuses en France et en Angleterre*), stigmatisa en des termes sociologiques la dégradation des conditions de travail engendrée par la mécanisation et l'industrialisation, l'abaissement des prix et des salaires du fait de la concurrence, qu'il rendait responsables de l'augmentation du nombre de vols et d'émeutes. La délinquance est donc présentée comme la conséquence d'un dysfonctionnement dont les causes se trouvent dans la structure sociale. Les philanthropes libéraux et catholiques épouseront cette critique sociale sans que cela les conduise pour autant à proposer une remise en question de l'ordre social capitaliste. Face à leur réformisme l'école socialiste, et en particulier

Friedrich Engels et Karl Marx, adoptera une position plus radicale. Certes, la question criminelle n'est pas centrale dans leur œuvre mais elle sert d'indicateur à leur démonstration. Ils ne conçoivent pas, comme la plupart des analystes de l'époque, la criminalité comme un désordre mais comme une caractéristique de l'ordre social capitaliste. C'est ainsi qu'Engels observant *La situation de la classe laborieuse en Angleterre* (1845) considéra la criminalité non pas comme une maladie ou un phénomène accidentel mais comme une production sociale résultant logiquement des rapports sociaux existants. La présentation dramatisée de la criminalité de la classe ouvrière permet de la considérer comme dangereuse et justifie dès lors l'exercice d'un contrôle très strict sur ces populations où fermente l'agitation sociale. Pour Marx aussi l'étude du crime ne saurait être envisagée en dehors de celle des mécanismes économiques de la production. Il fut le premier, dans *Matériaux pour l'économie* (1861-1865), à conceptualiser une sociologie du processus d'incrimination en étudiant les raisons sociales de la transformation de la législation rhénane sur le vol de bois, et montra que ces raisons ne relevaient pas de la morale mais de la protection d'un ordre économique. Par ailleurs, il analysa le crime comme une branche de la production et le criminel comme le point de départ d'une longue chaîne d'effets économiques, esthétiques et moraux, « un criminel produit des crimes [...] mais aussi le droit criminel et, par suite, le professeur qui fait des cours de droit criminel, et l'inévitable traité grâce auquel ledit professeur jette comme une marchandise ses conférences sur le marché général. Le criminel produit d'autre part toute la police et la justice criminelle, les sbires, les bourreaux, les jurés [...]. Il produit encore de l'art, de la littérature, des romans et même des tragédies ». Non sans dérision il considère que le criminel participe à la stimulation des forces productives, car « alors que le crime élimine une partie de la population excédentaire du marché du travail, diminuant par conséquent la concurrence parmi les ouvriers, et empêche à un certain point le salaire de tomber au-dessous du minimum, la lutte contre le crime absorbe une autre partie de cette même population ».

Ces travaux inspirèrent une longue tradition de recherches. On citera, en Italie, celles de Napoleone Colajanni qui contesta, dans sa *Sociologia criminale* de 1889, la légitimité des explications biologiques en matière de criminalité. De son point de vue c'est l'éducation que reçoit l'enfant dans sa famille qui détermine son comportement social. Or cette éducation est dépendante des ressources économiques de la famille. Aux Pays-Bas, les travaux de Willem Bonger sur les relations entre *Criminalité et conditions économiques* (1905) furent particulièrement novateurs, puisqu'il ne se contenta pas d'analyser la délinquance des pauvres mais prit également en compte celle de la bourgeoisie. Pour lui les crimes économiques commis par les non-possédants (mendicité, vols, rapines…) expriment une réaction à la domination qu'ils subissent, tandis que ceux perpétrés par les bourgeois (banqueroutes frauduleuses, falsifications diverses…) s'inscrivent dans une logique de maximisation du profit et représentent l'expression ultime de la logique spéculative qui préside aux rapports sociaux.

L'école positiviste italienne affirma un type de déterminisme basé sur des facteurs biologiques et mentaux. Mais bien que se situant dans le sillage de Cesare Lombroso et reconnaissant l'existence d'un type criminel, Enrico Ferri dans son ouvrage *Sociologia criminale* (1884) adopta une position plus synthétique en affirmant que « tous les crimes sont la résultante

des conditions individuelles et sociales ». S'appuyant sur les travaux de Guerry et Quetelet il formula deux lois : la loi de saturation criminelle d'après laquelle un milieu donné recèle un niveau constant de criminalité ; la loi de sursaturation criminelle suivant laquelle la criminalité augmente lorsque survient un événement anormal modifiant les rapports sociaux (guerre, révolution, famine), pour reprendre lentement son niveau antérieur lorsque l'événement se dissipe. D'après lui les forces naturelles sont omnipotentes. L'homme a l'impression d'être libre mais ce n'est qu'une illusion. L'infinie variété des conduites humaines ne s'explique pas par l'action du libre arbitre mais par le jeu de la combinaison des forces naturelles qui s'exerce sur elles. Du coup il rejette les principes classiques de la responsabilité pénale pour y substituer une responsabilité sociale sans faute fondée sur le danger social, et propose de remplacer les peines classiques par des mesures de défense « adaptées à cette variété anormale de l'espèce humaine qu'est le délinquant ».
L'expression *sociologia criminale* (Ferri et Colajanni en revendiquent tous deux la paternité) permit au mouvement italien des juristes socialistes de se démarquer des théories innéistes ou héréditaires alors dominantes. Son usage français fut assez rapide. Il apparut dès 1886 dans le premier numéro de la *Revue d'anthropologie criminelle*, Durkheim lui consacra un cours spécifique à l'université de Bordeaux à partir de 1892, et une rubrique « Sociologie criminelle et statistique morale » fut ouverte en 1898 par Gaston Richard dans la revue *L'année sociologique*.

Le contrepoint relativiste des juristes français

L'école française du milieu social, rassemblée autour de la revue des *Archives d'anthropologie criminelle* créée et dirigée par Alexandre Lacassagne, rejeta formellement les explications positivistes qui attribuaient un rôle prévalent aux facteurs morphologiques et biologiques. Encore que certains historiens de la criminologie parlent d'un faux antagonisme et considèrent qu'il s'agit plus d'une stratégie de distinction que d'une véritable divergence d'opinion. Sans doute les aphorismes les plus célèbres de Lacassagne, « les sociétés ont les criminels qu'elles méritent » ou « le milieu social est le bouillon de culture de la criminalité », peuvent laisser croire à une démarche sociologique. Mais son milieu social n'a que peu à voir avec la conception que peuvent s'en faire les penseurs socialistes. S'il parvint à donner une image sociologique à son école de médecine légale, c'est en s'alliant à des juristes susceptibles d'objectiver sa différence avec l'école positiviste italienne. Ainsi René Garraud, dans le premier numéro des *Archives* (1886), posa le cadre philosophique de la distinction, « la conception d'un libre arbitre absolu est en dehors de la vérité des faits, comme la conception d'un déterminisme fatal ». Certes, l'homme évolue dans un milieu dont il n'est pas le maître mais il conserve une relative liberté qui lui suffit à engager sa responsabilité.

Mais ce sont les travaux de Gabriel Tarde qui présenteront le caractère le plus sociologique. Même s'il ne renia pas totalement le rôle du facteur anthropologique, il attribuait la délinquance au milieu et à l'environnement. Il affirmait que la majorité des meurtriers et des voleurs avaient été abandonnés à eux-mêmes dans leur enfance. « Ils ont vécu, comme des hirondelles, dans la rue, et sont devenus malfaiteurs non par dégénérescence ou atavisme mais parce qu'ils ont choisi le crime comme métier » (*Philosophie pénale*, 1890). À l'intérieur d'un ensemble de contraintes dictées non pas par le climat (il réfuta les analyses de

Quetelet et Ferri) mais par la dissolution familiale (il s'inspira des travaux d'Henri Joly), la crise de la religion ou la misère, l'individu exerce un choix. Le concept d'imitation développé dans ses *Études pénales et sociales* (1881) lui vaudra plus tard un grand succès outre-Atlantique. L'imitation est le facteur premier de la constitution du lien social. Elle se répand par ondes concentriques autour d'un modèle. Elle explique la répétition des faits, l'émergence et la pérennité des institutions. À la fois phénomène collectif et individuel, elle illustre bien l'existence d'un entre-deux entre liberté et déterminisme car « tous les actes importants sont exécutés sous l'empire de l'exemple ». Tarde formula trois lois de l'imitation :

– les hommes s'imitent d'autant plus qu'ils sont rapprochés ;
– le supérieur est plus imité que l'inférieur. « La classe supérieure est comme une sorte de château d'eau social d'où la cascade continue de l'imitation doit descendre » ;
– les modes jouent un grand rôle dans le choix des imitations. Quand deux modèles sont incompatibles, c'est la mode la plus récente qui l'emporte sur la plus ancienne.

L'imitation explique selon lui l'évolution historique du crime. Le peuple ne fait qu'imiter les vices des aristocrates, des classes dirigeantes, des chefs militaires (ivrognerie, tabac, adultères, viols) et les campagnes imitent les villes. Mais ces mécanismes ne sont évidemment pas inéluctables et il existe des innovateurs qui s'affranchissent des lois de l'imitation. Cette liberté suffit à concevoir la responsabilité pénale des criminels et l'individualisation de la peine sur des bases psychologiques.

Cette position antidéterministe s'exprima aussi dans les propos du très catholique Henri Joly, pour lequel l'homme criminel est « l'artisan volontaire de sa propre déchéance » même s'il est égaré par les bouleversements sociaux. Dans son ouvrage *Le crime* (1888), il affirma que tout le monde peut être atteint par le crime, qu'il ne saurait y avoir d'homme qui lui soit fatalement voué. Le crime est d'une nature sociale et la mobilité géographique en est la cause principale, le « déracinement » qui produit des brebis égarées, le « déclassement » engendré par la rupture des liens de solidarité territoriaux, la disparition des « garde-fous » mis en place par le groupe auquel on appartient.

ÉMILE DURKHEIM,
FONDATEUR DE LA SOCIOLOGIE CRIMINOLOGIQUE

Émile Durkheim est considéré comme le père de la sociologie française. Bien que ne s'étant intéressé qu'accessoirement à la question criminelle dans le but d'illustrer certains développements de sa pensée, son approche influença longtemps de nombreux chercheurs sur les deux rives de l'Atlantique. Sa position est fondatrice parce qu'elle fait rupture avec la pensée biomédicale, remet en cause l'évolutionnisme des anthropologues, affirme que le comportement humain est façonné par la société. Il s'oppose à Weber ou à Tarde qui faisaient dépendre les comportements des relations interindividuelles. Il opte pour un déterminisme puissant considérant que les actes des individus sont la résultante de causalités qui les dépassent. L'exemple le plus célèbre de sa position est fourni par sa recherche sur le suicide (1897). Il y montre que le comportement suicidaire n'est pas le symptôme d'une pathologie individuelle mais la conséquence d'une absence d'intégration, assurée notamment par la famille et la religion qui renforcent le sentiment

d'appartenance à la société, ou encore le produit d'un défaut de régulation sociale quand les règles collectives qui dictent les conduites sont confuses (anomie).
Le caractère novateur de la pensée durkheimienne tient au fait qu'il se démarque des considérations moralistes ou philosophiques ambiantes pour traiter « les faits sociaux comme des choses ». Son objectivisme se fonde sur une méthodologie empirique qui s'appuie sur l'observation, l'ethnographie, la comparaison historique, les statistiques. Sur le plan criminologique, son apport essentiel fut de ne pas se focaliser sur les raisons du passage à l'acte mais de s'intéresser aussi à l'analyse de la réaction sociale.
On peut rassembler ses travaux « criminologiques » autour de trois thèmes : le droit, le crime et la peine.
Dans *De la division du travail social* (1893) Durkheim distingue deux types de sociétés, les sociétés à solidarité mécanique et les sociétés à solidarité organique. Les premières tiennent leur cohésion interne de la force de la conscience collective. Les contraintes extérieures y sont très puissantes car la déviance mettrait en péril la survie du groupe. C'est une société dans laquelle, sur le modèle des sociétés primitives, la division du travail n'est qu'élémentaire. À l'inverse, les sociétés à solidarité organique se caractérisent par une forte division du travail. La solidarité ne s'y fonde plus sur la ressemblance entre les membres du groupe mais sur la complémentarité. Ce type social, dont la société industrielle est l'exemple, offre une grande autonomie à ses membres. S'il n'est pas toujours facile de distinguer entre ces deux modes de solidarité, Durkheim considère que le droit est un excellent indicateur de cette distinction. À une solidarité mécanique correspond un droit répressif dont le but est de châtier ce qui menace l'unité et l'existence du groupe. Le pénal y prédomine. À une

solidarité organique correspond un droit restitutif ou coopératif dont le but est de rechercher l'équilibre social. Ainsi, la place prise par le droit restitutif, la baisse du nombre des incriminations, permettraient de mesurer le degré d'évolution d'une société.

Cette approche fut complétée un peu plus tard par un article publié dans *L'année sociologique* (1900) et intitulé « Les deux lois de l'évolution pénale ». La première loi est tirée de l'observation que l'intensité de la peine est d'autant plus grande que les sociétés présentent un type d'organisation moins développé et que le pouvoir central possède un caractère absolu. Ainsi, l'apogée de la monarchie absolue coïncide avec la répression la plus forte et depuis l'élaboration du Code pénal de 1810, surtout depuis sa révision de 1832 qui introduit les circonstances atténuantes, l'histoire des peines est celle d'un adoucissement continu. De là découle la seconde loi qui, observant le passage de la peine de mort et des châtiments corporels à la peine d'emprisonnement, considère que la privation de liberté tend à devenir de plus en plus le mode normal de contrôle social. Une telle évolution peut provenir du changement de la nature des crimes mais également d'un déplacement des sentiments collectifs à une échelle individuelle. La modération progressive des peines s'expliquerait ainsi par le fait que les crimes qui touchent l'individu suscitent une indignation moindre que ceux que l'on considérait comme menaçants pour les valeurs collectives ou religieuses. Le déclin du pouvoir absolu viendra parachever cette mutation.

Les criminologues de la seconde moitié du XXe siècle retinrent davantage les propos, tenus par Durkheim dans *De la division du travail social* ou dans *Les règles de la méthode sociologique* (1895), affirmant la relativité, la normalité et l'utilité du crime.

Le crime est relatif dans le temps et dans l'espace. Cette observation, déjà faite par Tarde, montre que le crime n'est pas un phénomène immuable. Tuer un chat dans l'Égypte ancienne, laisser ses parents sans sépulture dans l'Antiquité grecque, pratiquer la zoophilie ou la sodomie au Moyen Âge, étaient des crimes et ne le sont plus. Cette relativité démontre pour Durkheim l'invalidité des thèses de Lombroso sur le criminel-né. D'ailleurs les sociétés peinent à définir ontologiquement le crime. Il le définit comme « tout acte qui, à un degré quelconque, détermine contre son auteur cette réaction caractéristique qu'on nomme la peine », ce qui ne renseigne pas beaucoup sur sa nature réelle. Durkheim précise cependant qu'il existe des actes réprouvés universellement par les membres de chaque société. Le crime serait alors une offense aux sentiments collectifs mais seulement à ces sentiments qui sont fortement gravés dans toutes les consciences : « Un acte est criminel quand il offense les états forts et définis de la conscience collective. » En d'autres termes, « il ne faut pas dire qu'un acte froisse la conscience commune parce qu'il est criminel mais qu'il est criminel parce qu'il froisse la conscience commune. Nous ne le réprouvons pas parce qu'il est un crime mais il est un crime parce que nous le réprouvons ». Le crime n'a donc pas une nature intrinsèque. Il n'est que relatif à cet ensemble de croyances et de sentiments communs à la moyenne des membres d'une société.

Non seulement le crime est relatif mais il est aussi normal. Il s'observe, en effet, dans toutes les sociétés de tous les types. Dès lors il ne constitue pas une maladie mais un phénomène de sociologie normale. Sans doute le crime peut présenter des formes anormales quand il atteint un taux exagéré, mais il est normal « qu'il y ait une criminalité, pourvu que celle-ci atteigne et ne dépasse pas, pour chaque type social, un certain niveau ». Afin d'amadouer ses détracteurs Durkheim précise : « De ce que le crime est un phénomène de sociologie normale il ne suit pas que le criminel soit un individu normalement constitué au point de vue biologique et psychologique. Les deux questions sont indépendantes l'une de l'autre. » En définitive, « le crime est normal parce qu'une société qui en serait exempte est tout à fait impossible ».

Enfin, Durkheim considère que le crime est utile car pour que la conscience sociale puisse évoluer « il faut que l'originalité puisse se faire jour ». Or pour que celle de « l'idéaliste qui rêve de dépasser son siècle puisse se manifester, il faut que celle du criminel, qui est au-dessous de son temps, soit possible. L'une ne va pas sans l'autre ». Ainsi le crime peut-il être « une anticipation de la morale à venir » car, par exemple, « la liberté de penser [...] dont nous jouissons actuellement n'aurait jamais pu être proclamée si les règles qui la prohibaient n'avaient été violées ». Dans cette approche le criminel n'apparaît plus comme un être radicalement asocial, comme une sorte d'élément parasitaire mais comme « un agent régulier de la vie sociale ».

Durkheim s'est également intéressé à la peine, « une réaction passionnelle, d'intensité graduée, que la société exerce par l'intermédiaire d'un corps constitué sur ceux de ses membres qui ont violé certaines règles de conduite ». C'est toujours une œuvre de vengeance, d'expiation du passé. Ce caractère est d'autant plus apparent que les sociétés sont moins cultivées, mais sa nature n'a pas changé depuis les origines malgré l'institution de règles de procédures ou la création de tribunaux. Dans la mesure où le crime est un acte contraire aux états forts de la conscience commune, le rôle de la peine n'est pas celui qu'on lui attribue d'ordinaire. « Elle ne sert pas ou ne sert que très secondairement à corriger le coupable ou à intimider ses imitateurs possibles ; à ce double point de vue son efficacité est justement douteuse et en tout cas médiocre. Sa vraie fonction est de maintenir intacte la cohésion sociale en maintenant toute sa vitalité à la conscience commune. » Elle exerce donc sa fonction de défense sociale en ravivant les sentiments collectifs, la communion des esprits autour de ces sentiments et elle le fait d'autant mieux qu'elle est expiatoire. « On peut donc dire sans paradoxe que le châtiment est surtout destiné à agir sur les honnêtes gens. »

On considère généralement que Durkheim est le fondateur de la sociologie par sa façon de poser les bases d'une posture scientifique débarrassée de ses oripeaux métaphysiques et moraux, d'objectiver sa démarche par une méthodologie lui permettant de conquérir une distance critique par rapport à ses objets de recherche. Mais la diffusion de ses idées sera entravée par la survenance du premier conflit mondial. La plupart de ses disciples périrent dans les tranchées et les survivants s'intéresseront plus, dans l'entre-deux-guerres, à la sociologie juridique et morale qu'à la délinquance.

Déclin et renaissance de la sociologie criminologique

Gabriel Tarde était mort en 1904 sans héritier, Henri Joly avait publié son dernier ouvrage en 1907, date à laquelle Gaston Richard, ardent animateur de la rubrique de sociologie criminelle de *L'année sociologique,* s'était brouillé avec l'équipe de direction. Comme la sociologie n'était pas encore une discipline universitaire à part entière, le flambeau de la sociologie criminelle s'éteignit. Les durkheimiens rescapés du premier conflit mondial n'exercèrent aucune influence dans le champ criminologique du fait de la puissance du discours psychiatrique et de son adéquation avec les attentes institutionnelles des magistrats. Seuls les juristes, associés aux experts psychiatres et aux médecins légistes, investirent le champ de ce qu'ils nommèrent « criminologie » ou « science criminelle[2] ». Leur alliance fut consacrée par la fondation de cursus de formation comme celui de l'Institut de criminologie de Paris, en 1922, placé sous la double tutelle des facultés de droit et de médecine. Depuis cette date, la grande majorité des diplômes de « criminologie » français, belges ou suisses (mais le constat peut être étendu à de nombreux autres pays occidentaux non francophones) seront organisés dans les facultés de droit, qui considèrent cette discipline comme une auxiliaire du droit pénal. Il faudra attendre 1960 pour que des universitaires québécois, sous la houlette de Denis Szabo, s'affranchissent de la tutelle des juristes en créant l'école de criminologie de l'université de Montréal. Sa pluridisciplinarité affichée permit une distanciation vis-à-vis des tutelles historiques pesantes et facilita un peu l'essor de la « sociocriminologie ».

L'héritage durkheimien fut repris par les chercheurs américains de l'université de Chicago dans les années 1920. En France, Henri Levy-Bruhl, fort de son assise institutionnelle de juriste reconnu, fit renaître la sociologie criminelle de ses cendres en créant, en 1948, une rubrique de droit criminel dans *L'année sociologique*. Elle sera par la suite rebaptisée

2. M. Kaluszynski, « Identités professionnelles, identités politiques : médecins et juristes face au crime au tournant du XIXe et du XXe siècle », dans L. Mucchielli (sous la direction de), *Histoire de la criminologie française*, Paris, L'Harmattan, 1994, p. 215-235.

« Criminologie » puis « Sociologie criminelle ». Il constitua ensuite un groupe d'étude de sociologie criminelle dont l'un des principaux animateurs, André Davidovitch, appliqua une méthodologie très inspirée de Durkheim dans ses études quantitatives sur les statistiques judiciaires, l'activité des parquets, la répartition de la délinquance en milieu urbain ou l'analyse de contentieux spécifiques comme la délinquance routière. Puis le ministère de la Justice installa à Vaucresson, en 1958, le centre de formation et de recherche de l'éducation surveillée qui, sous la houlette de Jacques Selosse, analysa de manière pluridisciplinaire des thèmes comme l'inadaptation et la délinquance des jeunes et les méthodes de prévention. Enfin, Philippe Robert créa en 1968 un service d'études pénales et criminologiques au sein du ministère de la Justice dont le propos était d'analyser par des méthodes sociologiques la réaction sociale à la délinquance. Il reprit et dynamisa la rubrique « Sociologie criminelle » de *L'année sociologique*, participa à la création d'une revue spécialisée de langue française, *Déviance et société,* et joua un rôle considérable dans la formation et le recrutement de chercheurs qui peu à peu assurèrent l'enseignement de la discipline dans les universités, même si aucun cursus complet ne lui est consacré, et facilitèrent sa reconnaissance institutionnelle.

Aujourd'hui, l'enseignement de la sociologie de la délinquance ou de la sociologie pénale est toujours majoritairement circonscrit aux cursus de criminologie. Mais il s'est autonomisé du poids exercé par les juristes du fait de son développement dans d'autres lieux que les facultés de droit (facultés de sociologie, instituts de science politique, écoles professionnelles…) et de l'essor considérable des pratiques de recherche (grâce aux financements de différents ministères ou missions interministérielles) dans le cadre de centres de recherche spécialisés (par exemple le CESDIP en France) appartenant au CNRS[3] ou aux universités.

La construction de la sociologie criminologique en France

Périodes	**Chercheurs**	**Animateurs**	**Revues**
1880-1890	Gabriel Tarde Henri Joly		*Archives d'anthropologie criminelle* (1886-1914)
1890-1900	Émile Durkheim	Gaston Richard	*L'année sociologique* (1898)
1940-1950		Henri Levy-Bruhl	
Années 1960	André Davidovitch		
Années 1970 et suiv.	Philippe Robert		*Déviance et société* (1977)

Les frontières incertaines d'une discipline carrefour

En 1981, Philippe Robert proposa de parler de sociologie pénale. Traditionnellement, en effet, la sociologie criminelle est conçue comme une sociologie du passage à l'acte qui tente d'identifier les circonstances sociales conduisant un individu à commettre un acte délinquant. Avec les théories interactionnistes et les théories du contrôle social, l'attention se déplaça sur les processus de définition du crime et les mécanismes de réaction sociale face à la transgression. Pour marquer cette rupture il paraissait opportun d'avoir recours à

3. Centre national de la recherche scientifique.

une autre dénomination. Celle de « sociologie pénale » se justifiait par le fait que la loi ne donne aucune définition du crime, celui-ci n'étant repérable que par la peine qui s'applique à la conduite sanctionnée.

Je parlerai cependant dans cet ouvrage de sociologie de la délinquance plutôt que de sociologie criminelle, et de sociologie de la justice pénale plutôt que de sociologie pénale. Les raisons de ces choix sont multiples. L'expression sociologie criminelle présente le désavantage de désigner le tout, l'ensemble des infractions, par sa partie la plus grave, le crime, et pourtant de très loin la plus rare. Une telle mise en spectacle de l'objet s'éloigne du propos des travaux sociologiques qui, dans leur immense majorité, se préoccupent assez peu des conduites sanglantes qui défrayent la chronique. L'expression sociologie pénale donne à juste titre une place centrale aux réactions sociales à la transgression, mais elle focalise l'attention sur l'issue du processus pénal qui est l'attribution d'une peine alors que l'appareil judiciaire n'a pas que cette seule finalité. Il est l'épicentre d'un jeu complexe de régulations sociales qui n'ont pas seulement un objectif répressif. Si je parle de justice pénale, évitant d'avoir recours à la notion de système qui est loin de faire l'unanimité parmi les spécialistes, c'est pour désigner l'ensemble des organes qui participent à la production symbolique et instrumentale des décisions de justice (acteurs participant à la création de la norme pénale, police et gendarmerie, magistrature, avocats, travail social, experts et administration pénitentiaire). Mon propos est enfin, dans l'adoption d'un titre qui associe sociologie de la délinquance et sociologie de la justice pénale, de montrer qu'il ne s'agit pas de deux courants sociologiques séparés mais complémentaires, en interpénétration réciproque constante et qui s'enrichissent mutuellement.

Pour avoir une vision la plus claire possible de *l'objet* de la sociologie de la délinquance et de la justice pénale, il faut évoquer les différents axes de recherche dont elle est la résultante et qui en font non pas une science mais un domaine de réflexion à géométrie variable.

Champ d'étude

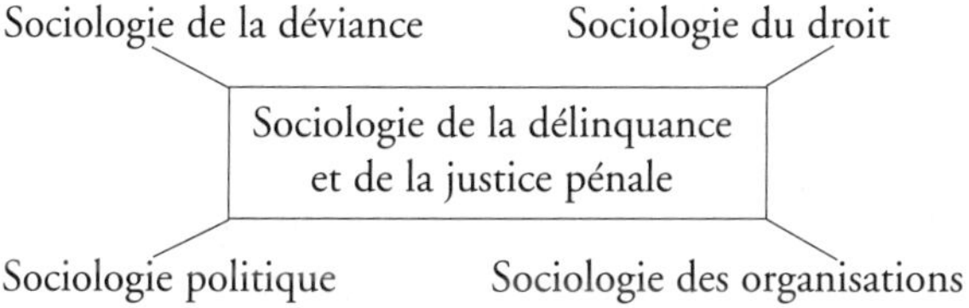

La sociologie de la délinquance est dans un premier temps irriguée par la sociologie de la déviance. Cette dernière a en effet un objet plus vaste et englobe la sociologie de la délinquance. Le mot déviance désigne l'ensemble des conduites sociales qui s'écartent d'une norme. La délinquance n'est constituée que des déviances socialement réprouvées et considérées comme punissables en vertu d'une loi pénale. Mais il existe une grande porosité entre les deux domaines car les frontières entre déviance et délinquance sont extrêmement relatives dans l'espace et dans le temps. La sociologie du droit se préoccupe d'analyser le phénomène de la production législative, de l'effectivité ou de l'ineffectivité des textes de loi, mais surtout la fonction du droit dans la société pris dans son sens le plus large, droit codifié ou modes alternatifs de régulation juridique. Tout ce qui concerne la création du droit pénal, la manière dont il est ou non mis en œuvre, les interactions entre le droit pénal et les autres modes de régulation des conflits sociaux, appartient donc au domaine de la sociologie de la justice pénale.

La sociologie politique a pour objet l'analyse de l'État, de l'idéologie, du pouvoir politique et des relations qu'il entretient avec les autres pouvoirs, la manière dont se construisent les politiques publiques. Cette démarche intéresse la sociologie de la délinquance et celle de la justice pénale dans la mesure où la politique pénale constitue une politique publique orientée par l'État en fonction du contexte idéologique et économique, et en interaction avec les mouvements sociaux existants.

Enfin, la sociologie des organisations analyse le fonctionnement d'ensembles humains ordonnés et hiérarchisés en vue d'assurer la coopération de leurs membres pour atteindre des buts définis. Elle concerne aussi bien les administrations publiques que les entreprises, les partis politiques ou les associations. La connaissance des logiques et des modes opératoires de la justice pénale ne peut donc se concevoir sans son appui.

Discipline métissée dont l'objet chevauche plusieurs domaines de connaissance, la sociologie de la délinquance et de la justice pénale n'a pas de *méthodes* qui lui seraient spécifiques. Elle les puise dans le pot commun des méthodes quantitatives (statistiques, questionnaires…) et qualitatives (entretiens, observations…) qui se sont construites tout au long de l'histoire des sciences humaines. Mais il faut insister, notamment dans les disciplines criminologiques où la mise en jeu de nos angoisses et de nos valeurs est considérable, sur le fait que la démarche scientifique d'observation de la réalité sociale ne se résume pas à la simple mise en œuvre de techniques. Le premier travail du chercheur est épistémologique. Il se doit d'analyser le contexte politique, économique et historique qui conditionne la production du travail scientifique. Mais il doit également exercer une réflexivité sur son action, questionner sa relation à l'objet, considérer qu'il fait lui-même partie de la recherche, car l'explication que l'on donne du monde constitue toujours dans une certaine mesure l'explication que l'on se donne de soi-même. La tâche n'est pas facile car l'ampleur du « social intériorisé » entrave justement la prise de conscience des parasitages du regard. Mais seul cet effort est susceptible d'éviter au chercheur de ressembler à cet étranger évoqué par un proverbe africain qui ne voit que ce qu'il sait déjà.

Nous évoquerons de manière plus ou moins chronologique les différents paradigmes qui ont marqué l'évolution de la discipline. Il s'agira de montrer comment le savoir actuel s'est bâti, par apports successifs, de manière cumulative. Certes, comme le disait Popper, on connaît toujours contre les connaissances antérieures et l'histoire de la criminologie ne manque pas de querelles entre anciens et modernes. Ce besoin irrépressible des chercheurs de critiquer les travaux antérieurs exprime leur désir ardent de découverte, le souci d'affirmer qu'ils apportent une pierre inédite à l'édifice, mais cache souvent aussi la recherche d'une légitimité institutionnelle. Il faut savoir que les travaux ayant connu le plus grand succès n'ont pas nécessairement été les plus pertinents. L'histoire est souvent injuste envers tous ceux qui, n'ayant pas le sens de la publicité, doutant trop de leurs résultats ou n'appartenant pas à une école influente, récalcitrants à entrer dans une famille de pensée, ou trop atypiques par rapport à l'esprit du temps, n'ont pas su ou pas pu atteindre la notoriété. Le propos de cet ouvrage concis n'est ni de les sortir de l'oubli, ni d'attribuer des gratifications aux uns ou aux autres mais seulement de retracer les principales étapes du chemin *(odos)* qui mène vers *(meta)* les connaissances que nous avons sur la délinquance et la justice pénale.

I

Sociologie de la délinquance

L'épine dorsale du débat sociocriminologique se situe au croisement de deux postures philosophiques et scientifiques. La première oppose des conceptions plus ou moins déterministes ou libérales de l'acte délinquant, la seconde distingue une focalisation sur l'explication du passage à l'acte délinquant ou bien sur la manière dont les institutions définissent les limites à ne pas franchir et en sanctionnent ou non la transgression. Ces deux césures sont moins évidentes que l'histoire de la sociologie de la délinquance les a souvent présentées. De nombreux travaux surfent entre déterminisme et libéralisme ou empruntent aux deux paradigmes dits du « passage à l'acte » et de « la réaction sociale ». Pour autant, tout n'est pas dans tout et il existe cinq courants dominants qui permettent de baliser un certain nombre de chemins. Le premier, que l'on qualifiera de « culturaliste », est largement focalisé sur l'analyse des chocs culturels dus à l'intensification des phénomènes d'immigration et préoccupé par les processus d'intégration des immigrants. Il considère la délinquance comme le produit de la désorganisation sociale et culturelle qui préside à la socialisation des individus (chapitre 1). La deuxième perspective connue sous l'appellation de « théories de la tension » postule que la nature de l'homme est conformiste. C'est le fait de ne pouvoir accéder à la réalisation de désirs pourtant légitimes qui pousse les individus à la transgression (chapitre 2). Le troisième courant de pensée est rationaliste. Il part du postulat inverse que la transgression est naturelle à l'individu et que, dès lors, c'est la force du contrôle social qui s'exerce sur ses comportements qui peut en assurer la normalité (chapitre 3). Une quatrième posture de recherche considère qu'il est vain de se demander qui est le délinquant sans s'être interrogé sur la définition même du crime et de la délinquance. Elle opère donc un travail de déconstruction des catégories sociales et juridiques et présente la délinquance comme le produit d'une négociation sociale ou d'une construction judiciaire (chapitre 4). Enfin, la majorité des chercheurs contemporains se rallie au paradigme de la domination pour replacer la question criminelle dans le cadre général du capitalisme et du système néolibéral, et déconstruire dans une perspective postmoderne les catégories et les discours criminologiques (chapitre 5). Ces dynamiques intellectuelles reliées aux évolutions des rapports politiques et des modes de vie orientent maintenant la recherche sociocriminologique vers de nouvelles explorations (chapitre 6).

1
Les théories culturalistes

Nous sommes au début du XXe siècle. Les États-Unis connaissent alors des vagues migratoires considérables, les villes se transforment et prennent des dimensions spectaculaires, les conduites délinquantes et les phénomènes de violence et d'inadaptation se répandent. La sociologie naît de ce besoin de comprendre le changement, de cette urgence à accompagner les transformations sociales et économiques de la société, de cet impératif à penser la meilleure façon de faire société. Un de ses premiers objets sera le crime. Il s'agira de déceler les raisons qui poussent les citoyens à transgresser les normes, en particulier les normes pénales. Cette propension à la délinquance, qui pour les jeunes sociologues de l'époque ne saurait s'expliquer par des raisons raciales ou pathologiques, est liée à des dysfonctionnements sociaux.

C'est au sein de l'école de Chicago qu'apparaissent les premières préoccupations culturelles de la sociologie. Il serait inexact d'affirmer qu'elle est une école culturaliste. Elle considère certes que l'individu est façonné par la culture au cours d'un processus de socialisation qui permet l'apprentissage et l'intériorisation des modèles culturels spécifiques à une société. Mais elle ne se réfère pas aux travaux anthropologiques culturalistes et ne prend pas la culture pour objet d'étude principal. Les premiers chercheurs se pencheront essentiellement sur les conditions et les effets de la désorganisation sociale qui affecte le développement des grands centres urbains. Mais les thèmes abordés, immigration, relations ethniques, assimilation, socialisation, ont incontestablement une dimension culturelle. Si bien qu'insensiblement le projecteur se déplacera de la désorganisation sociale à la désorganisation culturelle qui l'accompagne.

Par école de Chicago[1] on désigne l'ensemble relativement cohérent des travaux réalisés entre 1915 et 1940 par des enseignants et des étudiants de l'université de Chicago, publiés dans *l'American Journal of Sociology* ou dans une collection propre à cette université. C'est d'abord une *sociologie urbaine* qui s'est consacrée essentiellement au problème de l'immigration touchant alors toutes les grandes villes américaines (Chicago passe de 4 500 habitants en 1840 à 3,5 millions en 1930). En 1900, plus de la moitié de la population était née hors Amérique (Allemands, Lituaniens, Russes, Scandinaves, Polonais, Irlandais, Italiens, Tchèques et Slovaques). Après 1914 le nouveau flux d'immigrants sera constitué par les populations noires venant des États ruraux du Sud. Cet apport sera l'occasion de conflits ethniques nombreux et violents (la première grande émeute raciale de 1919 fait 38 morts). C'est ensuite une *sociologie réformiste* dont l'ambition n'est pas théorique mais pratique. Ses membres veulent apporter leur contribution à la solution des problèmes sociaux concrets qu'ils observent en matière d'habitat, de santé publique, de

1. A. Coulon, *L'école de Chicago*, Paris, Puf, coll. « Que sais-je ? », 1992 ; J.-M. Chapoulie, *La tradition sociologique de Chicago, 1892-1961*, Paris, Le Seuil, 2001.

pauvreté, de justice, de corruption, de délinquance et de violence (de 1923 à 1926 on a recensé plus de 1 000 meurtres par an). Ils participent d'ailleurs à la formation de la profession naissante des travailleurs sociaux. C'est enfin une *sociologie empirique*. L'école de Chicago est celle du *fieldwork*. Pour bien appréhender le réel, il faut s'en imprégner longuement. Pour ce faire, diverses techniques sont utilisées : l'analyse des rapports d'activité, des journaux, des lettres, des récits de vie, la construction de cartes urbaines, la réalisation d'observations de terrain et d'entretiens, les témoignages des travailleurs sociaux. Ces méthodes rompent avec la tradition des travaux théoriques et des enquêtes journalistiques souvent empreintes de moralisme.

La désorganisation sociale

Le premier ouvrage de référence de cette école est *Le paysan polonais* de Thomas et Znaniecki[2]. Ce travail énorme (cinq tomes) analyse les récits de vie, recueillis entre 1918 et 1920, d'immigrants polonais et établit des comparaisons avec un groupe de paysans restés en Pologne. Il faut savoir que les Polonais représentent le quart des immigrants entre 1899 et 1910 et qu'ils sont environ 300 000 à Chicago en 1914. Cette population pose d'énormes problèmes : délinquance élevée, fréquence des conflits familiaux, relative imprévisibilité des comportements. Basé sur des analyses d'autobiographies (journaux écrits par les immigrés eux-mêmes), ce travail tente d'expliquer comment les familles de paysans réagissent au double

2. W. Thomas, F. Znaniecki (1927), *Le paysan polonais en Europe et en Amérique. Récit de vie d'un migrant*, Paris, Nathan, 1998.

changement culturel qui les affecte (de la Pologne aux États-Unis et d'un milieu rural à un milieu urbain). Les auteurs élaborent à cette occasion le concept d'attitude qui connaîtra un beau succès sociologique par la suite. Pour eux, ce ne sont pas seulement les facteurs objectifs qui induisent les situations (pauvreté, chômage…) mais des dispositions subjectives, le sens que leur donnent les acteurs sociaux. La sociologie doit comprendre comment les individus définissent la situation au sein de laquelle ils sont plongés, car lorsque « les hommes considèrent certaines situations comme réelles, elles sont réelles dans leurs conséquences[3] ». Ils ne réagissent pas à la réalité mais à ce qu'ils pensent qu'elle est. Les documents personnels permettent de comprendre l'interprétation que font les acteurs des situations qu'ils vivent et des normes auxquelles ils se confrontent.

Le deuxième concept important est celui de désorganisation sociale. Elle est définie comme « le déclin et l'influence des règles de comportement sur les membres d'un groupe ». La désorganisation repérée dans les familles et les communautés polonaises est analysée comme la conséquence de l'apparition d'attitudes individualistes et hédonistes, qui entraîne la « rupture de la solidarité familiale, les conflits entre les générations, le déclin de la soumission à une opinion commune ». L'expression désorganisation sociale permettait de faire rupture avec les expressions, alors en vogue, de « problèmes sociaux » ou de « pathologie sociale ». Son apogée se situa dans les années 1930. Elle recouvre toutes les problématiques relatives à la pauvreté, la criminalité, l'usage des drogues, la

3. Ce travail inspirera à Merton le concept de *self-fulfilling prophecy,* ou prophétie autoréalisatrice, présenté dans son ouvrage *Social Theory and Social Structure,* New York, Free Press, 1949.

prostitution, le jeu, le suicide, les maladies mentales, les ruptures familiales, la corruption politique, les désordres perpétrés par les foules, la violence dans les émeutes. Robert Park en précisa le contenu dès 1925[4]. Elle résulte d'une interprétation des changements sociaux dus au développement de la grande industrie et aux transformations des formes de contrôle social qui en découlent. Alors que le contrôle social s'exerce, dans les communautés rurales, de façon spontanée et directe dans le cadre de relations primaires (famille, communauté), il repose dans les villes sur les principes abstraits mis en œuvre par des institutions formelles comme les églises, l'école, les tribunaux pour enfants, les associations de parents d'élèves, les clubs de jeunes… Cet affaiblissement des contraintes et inhibitions des groupes primaires « [est] largement [responsable] de la croissance de l'immoralité et du crime dans les grandes villes », notamment dans les populations d'immigration récente qui rencontrent des difficultés d'adaptation.

C'est sous la direction de Park, grand spécialiste de la question noire américaine, que commença la publication systématisée d'un grand nombre de recherches. En compagnie de son collègue Burgess (qui élabora un modèle concentrique de croissance des villes américaines repris à maintes reprises par d'autres chercheurs), il recommanda de prendre en compte la dimension spatiale des faits. Il plaça l'accent sur la nécessité d'une démarche empirique, qu'il a personnellement expérimentée en tant que journaliste, condition nécessaire pour connaître la réalité des situations dont on veut parler. Parmi les multiples recherches réalisées alors, l'étude des *taxi dance*

4. R. Park, E. Burgess, R. Mac Kenzie, *The City*, University of Chicago Press, 1925.

halls (dancings dont l'objectif est l'apprentissage de la danse mais qui, pour les travailleurs sociaux, est une voie de la prostitution), du divorce, de la prostitution, du suicide, des *hobos* (ces travailleurs saisonniers qui arpentent les routes et les villes américaines), des maladies mentales, deux recherches sur la délinquance juvénile ont laissé leur empreinte dans le champ de la criminologie.

Les gangs

S'appuyant sur le modèle concentrique de Burgess, Frédéric Thrasher tenta de localiser géographiquement la délinquance juvénile[5]. Il constata l'existence de cinq strates urbaines organisées sous la forme de cercles concentriques. Au centre sont installés les commerces, les bureaux, les banques *(loop)*. C'est un quartier peuplé le jour et vide la nuit, entouré par une zone d'habitat délabré et précaire où l'on peut noter l'existence d'enclaves ethniques. À sa périphérie un espace rassemble les travailleurs des classes moyennes et de la classe ouvrière aisée, et parmi eux les immigrants ayant réussi leur intégration. Plus loin se trouve une zone résidentielle occupée par les classes bourgeoises entourée par une banlieue encore non urbanisée. La criminalité s'observe dans l'espace « interstitiel » situé entre le quartier central des affaires et l'espace résidentiel des travailleurs. C'est là que se rassemblent les immigrants récents, dans cette « ceinture de pauvreté » où tout est détérioré, où la population change sans cesse. C'est le territoire des gangs *(gang land)*.

5. F. Thrasher, *The Gang. A Study of 1313 Gangs in Chicago*, University of Chicago Press, 1927.

Au fil de sept années d'observation, grâce à plus d'une centaine d'entretiens auprès de jeunes, de travailleurs sociaux, de policiers, de propriétaires de bars, de garçons de café, d'instituteurs, la fréquentation des tribunaux, il répertoria 1 313 gangs (qui correspondent à ce que nous appelons des « bandes de jeunes ») et analysa leur structure. Il en déduisit que les gangs naissent spontanément du fait de rencontres fortuites entre adolescents qui luttent contre l'ennui, déambulent et jouent dans les rues. Ils se structurent, se soudent par l'expérience du conflit avec les autres gangs ou la société conventionnelle. S'ils se pérennisent (la prohibition de l'alcool contribua à cristalliser certains d'entre eux), des leaders émergent, un ordre social, des normes se construisent, se développent « une tradition, [...] un esprit de corps, une conscience de groupe et un attachement à un territoire ». Alors ils peuvent dégénérer en groupes délinquants. Mais dans beaucoup de cas ils restent très instables, se restructurent sans cesse ou disparaissent.

Thrasher considéra que ces gangs constituaient une réponse à la désorganisation sociale. Le gang « offre un substitut à ce que la société ne parvient pas à donner [...] il comble un manque et offre une échappatoire ». Il a des fonctions très positives pour ses membres, il leur apporte de l'affection, de la solidarité, permet des expériences ludiques, « une fois qu'un garçon a goûté la vie de rue palpitante d'un gang, il trouve les programmes des travailleurs sociaux insipides et insatisfaisants ». Il leur confère aussi une identité individuelle et collective. Le problème est que ces formes d'organisation sont inarticulables avec les coutumes, les normes qui régissent le reste de la société.

La délinquance, dans ce contexte, est analysée comme le produit d'une logique incontrôlée des forces de l'environnement, un mode de survie dans un contexte difficile. « Une vie de famille inadéquate, la pauvreté, un environnement détérioré, une religion inefficace, une éducation défaillante et des loisirs inexistants forment [...] la matrice du développement des gangs. » La réhabilitation des quartiers, la mise en œuvre d'activités de loisir, un meilleur encadrement des familles en difficulté par les travailleurs sociaux, le respect de la personne des jeunes délinquants, lui parurent être les meilleurs remèdes à cette désorganisation.

Les aires de délinquance

Clifford Shaw, ancien contrôleur judiciaire et de probation, et Henry Mac Kay, statisticien, vont développer un programme de recherches sur la délinquance juvénile en partant de la même problématique que Thrasher : tester la relation entre la structure de la délinquance des jeunes et l'urbanisation[6]. Ils examinèrent pour ce faire les dossiers des délinquants de 10 à 16 ans ayant été en contact avec la police ou la justice sur trois périodes : entre 1900 et 1906, 1917 et 1923, 1927 et 1933. Ils reportèrent sur une carte, en utilisant un modèle concentrique de Burgess, leurs lieux d'habitation et constatèrent que la majorité des délinquants vit, quelles que soient les époques considérées, toujours dans les mêmes quartiers, alors que les populations ont changé. Découpant la ville en cases, ils notèrent que les taux de délinquance sont élevés partout où l'ordre social est désorganisé. Ces zones de délinquance se situent dans l'anneau qui entoure le centre-ville (ce qui corrobore les observations de Thrasher) où les taux de chômage,

6. C. Shaw, H. Mac Kay, *Juvenile Delinquency in Urban Areas*, University of Chicago Press, 1942.

de suicide, de maladies, de mortalité infantile, de familles dissociées, de criminalité adulte, sont plus élevés qu'ailleurs. Cela démontre que le phénomène de la délinquance juvénile n'est pas isolé et que son analyse doit être articulée avec celle d'autres pathologies sociales. Constatant la constance des taux de criminalité dans le temps, que le quartier soit habité par des Allemands, des Suédois, des Polonais ou des Italiens, et la baisse de ce taux pour chacune de ces populations dès lors qu'elles s'installent, grâce à leur intégration sociale, dans d'autres quartiers moins pauvres et plus excentriques, ils en concluent à l'existence de quartiers criminogènes.

Trois types de facteurs confirment cette observation et permettent de réfuter les théories eugénistes encore en vogue : le statut économique précaire des habitants (taux de familles monoparentales et vivant de l'assistance sociale), la mobilité résidentielle de la population (pourcentage de résidents qui déménagent dans une année), et enfin, l'hétérogénéité de la population (proportion d'immigrants et ratio entre résidents blancs et noirs). Ces trois facteurs concourent à l'émergence d'un relâchement des contrôles sociaux et à l'effondrement des formes de régulation sociale (famille, école, religion, justice, police…) qui favorise la criminalité. La socialisation entre pairs (82 % des condamnés au cours de l'année 1928 n'ont pas agi seuls), ou entre anciens et futurs délinquants, s'y substitue.

Une partie originale des analyses de Shaw concerne l'inefficacité et les effets pervers des réponses pénales. Dans son ouvrage *The Jack Roller*[7] (une autobiographie commentée de délinquant) il met en exergue

7. C. Shaw, *The Jack Roller. A Delinquant Boy's Own Story*, University of Chicago Press, 1930.

les déterminismes dont Sydney (le petit détrousseur d'ivrognes) est victime. Il vit dans une aire de délinquance de Chicago (plus de 85 % des garçons arrêtés par la police y habitent), il grandit dans un foyer brisé, il commence sa carrière à 6 ans avant même sa scolarisation. Il est suivi par des institutions dont les fonctionnements formalistes et peu compréhensifs renforcent son hostilité envers la société et le conduisent à initier une carrière criminelle. Shaw demande au lecteur de se départir de ses préjugés et de voir le monde du point de vue du délinquant. Il en conclut que non seulement les méthodes de traitement appliquées dans les institutions pour mineurs ne prennent pas en compte les individus dans leur singularité, leur rendement éducatif est alors faible, mais qu'elles peuvent même favoriser la poursuite d'une carrière criminelle en radicalisant leur dissidence et facilitant l'acquisition de techniques plus élaborées de commission des infractions. Sydney, finalement bien intégré grâce au soutien personnel de Shaw, conclut ainsi le livre. « Pour transformer un enfant vous devez changer son esprit, non pas le briser, et seul un traitement chaleureux pourra y parvenir. »

Plutôt que de préconiser le renforcement de la répression, Shaw et Mac Kay se firent les apôtres de stratégies de lutte contre la délinquance juvénile orientées vers une meilleure organisation sociale, la réhabilitation des quartiers et le développement d'une politique de prévention s'appuyant sur la communauté. Ils considèrent en effet que les jeunes ne peuvent être influencés que par ceux qui appartiennent à leur propre environnement (relations de face-à-face et non d'institution à individu). Shaw lança lui-même en 1932 les *Chicago area projects* dans le but de faire baisser les taux de délinquance. Ils reposent sur la création d'associations animées par les membres de la communauté, dirigées par des « chefs naturels » en harmonie culturelle avec les habitants, et conseillées par des personnes extérieures à la collectivité qui peuvent leur octroyer des soutiens financiers. C'est ainsi que l'église fut l'instrument principal de l'action dans le quartier polonais, tandis que le club d'athlétisme servit de vecteur d'intervention dans le quartier italien. Les principales activités consistèrent à organiser des programmes récréatifs, notamment l'été lorsque les jeunes ne sont pas scolarisés. Le but était de donner du sens à la vie des jeunes en les impliquant dans des tâches valorisantes et socialement utiles.

Ces travaux firent l'objet d'un certain nombre de critiques. Tout d'abord, Williams Whyte[8] critiqua la notion de désorganisation (il s'appuie sur une observation participante de trois années dans un quartier italien pauvre de Boston) en estimant que de nombreux quartiers pauvres sont structurés par un système très dense d'obligations réciproques, même si ce type d'organisation déroge au type le plus répandu dans la société. « Le problème de Cornerville [nom donné au quartier] n'est pas un manque d'organisation mais l'échec de sa propre organisation sociale à s'intégrer à la société qui l'englobe. » Parler de désorganisation est donc un point de vue ethnocentrique qui témoigne de l'ignorance des codes en vigueur dans les milieux observés. Bien plus tard, Robert Sampson, Stephen Raudenbush et Felton Earls[9] montrèrent à leur tour que les quartiers pauvres bénéficient d'une assez forte cohésion sociale,

---

8. W. Whyte, *Street Corner Society*, University of Chicago Press, 1943. La deuxième édition de 1955 est considérée comme le travail méthodologique princeps sur l'observation participante.
9. R. Sampson, S. Raudenbush, F. Earls, « Neighborhoods and violent crime : a multilevel study of collective efficacy », *Science*, 177, 1997, p. 918-924.

une « efficacité collective » faite d'un bon niveau de contrôle social, de participation communautaire, de confiance *(trust)* et d'entraide *(social support)* entre les habitants, qui leur permet d'agir sur les risques criminogènes qui les entourent.
D'autre part, le modèle concentrique de distribution de la délinquance est invalide pour la plupart des grandes villes européennes (sauf le Royaume-Uni) dans lesquelles les zones de pauvreté se rencontrent à la périphérie. Enfin, les changements sociaux et démographiques des années 1930 fragilisèrent certaines des conclusions proposées par Shaw et Mac Kay. En effet, les zones délinquantes devinrent, à cette époque, de moins en moins des zones de résidence d'immigrants récents. Il n'y eut plus de nouveaux arrivants et seules les populations noires du Sud continuèrent d'affluer (les Noirs occupant presque à eux seuls l'espace intersticiel). Lors de la deuxième édition de leur ouvrage, en 1969, Shaw et Mac Kay observèrent d'ailleurs un mouvement de stabilisation de la délinquance des Noirs en raison de l'émergence de nouvelles formes institutionnelles et de la réorganisation des communautés. Et s'ils continuent à penser que les populations les plus criminogènes sont toujours les dernières arrivées, ils n'ignorent pas que ce sont aussi celles qui ont le statut économique le plus bas (les loyers des quartiers où elles résident sont les plus faibles et les taux de recours aux mécanismes d'assistance les plus élevés). Le facteur explicatif structurel qu'est la désorganisation sociale doit donc être associé avec le facteur économique.

L'association différentielle

Edwin Sutherland, diplômé de l'école de Chicago en 1913 et qui y fut chercheur entre 1930 et 1935, formula des réserves sur la corrélation entre délinquance et désorganisation sociale ou pauvreté. Il fit notamment remarquer qu'elle reposait sur des échantillons biaisés par le fait qu'ils ne prenaient en compte que la délinquance enregistrée, laissant de côté tous les comportements délinquants non repérés ou non enregistrés. En effet, ayant entrepris à partir de 1928 un travail pionnier sur la délinquance des dirigeants des grandes entreprises[10], il s'était aperçu que la criminalité se rencontrait dans toutes les classes sociales y compris chez des commerçants, des professions libérales, parfaitement intégrées à la société américaine et ne présentant aucun des signes pathologiques soulignés par les chercheurs de l'école de Chicago. L'invisibilité sociale et judiciaire de leurs transgressions s'expliquerait par le statut social élevé (complicités entre voleurs, avocats, policiers, indulgence des instances judiciaires), par la complexité des modes de commission, par la difficulté à réunir des preuves et à établir les responsabilités.

Il élargit alors son champ d'étude à toutes les actions qui violent la loi, qu'elles entraînent ou non des poursuites, et se concentra sur les processus d'apprentissage[11]. Dans une « aire de délinquance », seule une partie des habitants commet des actes délinquants et une minorité persiste dans le crime. Sutherland s'efforça donc d'identifier le point de bascule à partir duquel certains passent à l'acte alors que d'autres ne le font pas, les raisons qui conduisent des individus placés dans des conditions identiques à entrer ou non

---

10. E. Sutherland, *The Professional Thief*, University of Chicago Press, 1937 ; *White Collar Crime*, New York, Holt, Rinehart and Winston, 1949.

11. E. Sutherland, *Principles of Criminology*, Philadelphie, J.P. Lippincott, 1924 (1re édition) ; E. Sutherland, D. Cressey, *Principes de criminologie*, Paris, Cujas, 1966.

dans la criminalité. Pour y répondre il formula la théorie de l'association différentielle, qui marquera la sociologie américaine pendant un bon quart de siècle. Elle se décompose en neuf points :

– le principe fondateur de la théorie est le suivant : le comportement criminel est appris, autrement dit, il n'est pas héréditaire ;

– il est transmis au contact d'autres personnes par un processus de communication verbale ou par l'exemple. On pense ici à l'influence des théories de Tarde sur l'imitation, même si Sutherland ne le mentionne pas ;

– le comportement criminel s'apprend surtout à l'intérieur d'un groupe restreint de relations personnelles, ce qui minimise l'influence des journaux ou du cinéma ;

– lorsque la formation criminelle est apprise, elle comprend l'enseignement des techniques de commission de l'infraction et l'orientation des mobiles, des tendances impulsives, des raisonnements et des attitudes ;

– l'orientation de ces mobiles est fonction de l'interprétation favorable ou défavorable des dispositions légales. Quand certains groupes sont respectueux des règles, d'autres ne cessent de les violer ;

– un individu devient criminel lorsque les interprétations défavorables au respect de la loi l'emportent sur les interprétations favorables. C'est ce qui constitue le principe de l'association ; on devient criminel parce que l'on s'associe à des modèles criminels sans avoir sous les yeux des modèles contraires. Chaque individu apprend la culture de son milieu environnant et ce d'autant plus qu'il n'a pas de modèle de comparaison ;

– ces associations sont différentielles parce qu'elles peuvent varier en fréquence, en durée, en intensité ;

– la formation criminelle met en jeu les mêmes mécanismes que toute autre formation. Les criminels ne sont donc pas différents des autres individus. Ils apprennent ce que leur milieu leur enseigne ;
– le comportement criminel est l'expression des mêmes besoins et des mêmes valeurs que le comportement non criminel. C'est pour l'argent que les voleurs volent et que les honnêtes gens travaillent. La recherche de la réussite ou du bonheur ne les différencie pas.

Cette théorie explique que la transmission du comportement délinquant aux jeunes élevés dans les bas-quartiers n'est pas mystérieuse. Elle opère comme tous les mécanismes de socialisation et ne déroge pas à ceux que l'on peut observer chez les professeurs ou les musiciens. Elle ne consacre pas une simple théorie de l'imitation et ne saurait être analysée comme une posture de sens commun qui stigmatise les mauvaises fréquentations. Ce qu'elle problématise, c'est l'idée d'interaction. Les conduites individuelles dépendent de celles des autres non pas mécaniquement mais par un jeu d'ajustements qui met en œuvre une activité d'interprétation. Cette dimension ne fut probablement pas suffisamment explicite car certains reprocheront à Sutherland d'attribuer un rôle trop passif aux individus, qui apparaissent comme sensibles aux influences exercées par leur environnement et n'opèrent pas véritablement de choix parmi les modèles qui leur sont proposés. On lui fit également grief d'avoir trop accentué le rôle de l'entourage délinquant dans le processus de socialisation, car le climat général qui règne dans la société joue aussi un rôle important. Ainsi, le rapport entre le groupe des amis délinquants et la délinquance du sujet serait conditionné par des expériences sociales diverses comme l'échec scolaire ou le rapport aux institutions. Enfin, on lui reprochera d'avoir surévalué l'importance des processus d'apprentissage dans la mesure où la commission d'une grande partie des actes délinquants n'exige pas de compétence particulière.

Toutefois, son importance dans le débat criminologique fut considérable. Il inspira par exemple à Ronald Akers[12] la théorie de l'apprentissage social, selon laquelle nos comportements se forgent en imitant les personnes auxquelles nous nous identifions. À l'adolescence, l'exemple donné par des inconnus n'a que peu d'importance tandis que celui des groupes de pairs joue un rôle considérable. Mais cette explication ne vaudrait, selon Akers, que pour les adolescents qui ont une délinquance tardive, plutôt conjoncturelle et qui s'avère souvent transitoire. Le groupe de pairs est alors de nature à fournir des occasions de délinquance, à renforcer les capacités cognitives pour justifier le passage à l'acte et l'exécuter. Cette théorie serait par contre insuffisante pour expliquer la délinquance précoce précédant l'adolescence. La violence familiale, les troubles de la personnalité, l'absence de contrôle personnel nuiraient à l'intégration sociale et scolaire des enfants, qui ont alors tendance à s'associer avec ceux qui partagent les mêmes difficultés. Pour eux l'inadaptation serait la cause et non pas l'effet de leur association avec des groupes de pairs délinquants.

Les conflits de culture

Louis Wirth, héritier de Park et membre éminent de l'université de Chicago, dénonça tout au long de sa carrière les présupposés racistes et posa les bases de dispositifs d'intégration pour les immigrants. Dans ses

---

12. R. Akers, *Criminological Theories : Introduction and Evaluation*, Los Angeles, Roxbury, 1994.

travaux, dont le plus célèbre est consacré à l'analyse du ghetto[13], il démontra l'importance du conflit de culture dans la genèse du comportement délinquant des populations immigrées. Son argumentation s'appuie sur la constatation que les immigrants de la première génération ont des taux de criminalité enregistrée analogues à ceux de la population américaine, mais la nature des infractions qu'ils commettent est sensiblement différente et marquée par leur origine culturelle. Par contre, ces taux sont supérieurs pour les immigrants de la deuxième génération qui commettent des infractions sensiblement identiques à celles que commettent les Américains. L'évolution du volume et de la nature de la délinquance constituerait l'indicateur du processus de déculturation-acculturation qu'ont subi ces populations. Cependant, ce n'est pas le conflit « objectif » entre les normes de conduite prescrites par deux codes culturels qui serait criminogène, mais plutôt le conflit « subjectif », c'est-à-dire la manière dont les individus interprètent leur propre culture à travers la façon dont elle est regardée par les autres. De ce point de vue, la cause de la délinquance des adolescents pourrait provenir du sentiment d'appartenir à une culture dévaluée, méprisée et dès lors non susceptible de leur permettre une identification culturelle. Leur penchant serait alors de privilégier les normes de ceux qui disqualifient leur propre culture et d'adhérer à leur code moral. Mais cette attraction est problématique car de nombreux obstacles empêchent cette intégration culturelle. La délinquance n'est évidemment qu'une des manières dont ce conflit de culture s'exprime. Mais elle peut en constituer l'expression majeure à chaque fois qu'un individu se sent stigmatisé en tant que membre d'un

---

13. L. Wirth (1928), *Le ghetto*, Grenoble, Champ urbain, 1980 ; « Culture conflict and misconduct », *Social Forces*, 1931, p. 484-492.

groupe disqualifié, lorsque, par suite des mutations sociales et culturelles, sa communauté est désintégrée et dans l'incapacité d'assurer sa socialisation, lorsque l'individu appartient à un groupe en conflit avec le reste de la société, lorsqu'une conduite valorisée par son groupe d'appartenance viole la loi du groupe dominant.

Thorsten Sellin, qui fut un temps l'associé de Sutherland, adhéra à cette perspective culturaliste. Pour lui l'homme naît au sein d'une culture, il y apprend les manières d'agir et de penser qu'on y diffuse et aussi les significations que l'on y donne « aux coutumes, aux croyances, aux objets et à ses propres relations avec ses semblables ou avec les institutions sociales[14] ». Poursuivant les travaux de Wirth, il proposa un modèle explicatif de la criminalité dans des situations de pluralisme culturel. Son analyse est centrée sur les conflits susceptibles d'exister entre les normes américaines et les normes culturelles des immigrés. Il rappelle dans l'introduction de son ouvrage les propos tenus par Sutherland selon lesquels « plus les modèles culturels s'opposent, plus le comportement de l'individu devient imprévisible ». Sa démonstration s'appuie sur deux principes : les règles morales sont très variables d'une culture à une autre et d'une époque à une autre ; d'autre part chaque individu intériorise les normes de sa société ou de son groupe de référence. Du coup il se peut que le crime ne soit pas la violation d'une norme du point de vue de la culture du pays d'origine mais du point de vue de celle de la société d'accueil. Ce relativisme culturel apparaît, écrit-il, dans le code français qui ne permet pas de tuer pour sauver son honneur tandis que les normes kabyles acceptent

14. T. Sellin (1938), *Conflits de culture et criminalité*, Paris, Pédone, 1984.

la réaction meurtrière du mari face à l'adultère de son épouse. Il en est de même du père sicilien qui considère comme légitime le fait de tuer le séducteur de sa fille. Toutefois, Sellin est conscient que ce fossé culturel tend à se combler avec le temps. La modification des caractères de la criminalité d'une génération à l'autre en constitue un indice. On passe généralement d'une criminalité de violence axée sur la défense de l'honneur personnel ou familial à des actes de cupidité.
Les conflits de culture peuvent d'après lui se produire dans trois contextes :
– à la frontière de zones de cultures contiguës, par simple contact ;
– quand la loi d'un groupe culturel est étendue pour couvrir le territoire d'un autre groupe, ce fut le cas de la colonisation des Indiens qui procéda par imposition et assujettissement ;
– lorsque les membres d'un groupe culturel émigrent dans un autre groupe.
La nature de ces conflits présente une certaine spécificité et ne doit pas être confondue avec celle des conflits concernant tout individu qui, dans une société complexe, est amené à gérer son appartenance à une pluralité de groupes sociaux et de systèmes de normes.
Partant de l'assertion selon laquelle les immigrants seraient responsables de la forte criminalité américaine ou que cette criminalité serait différente de celle des Américains nés de parents nés au pays, il démontra que les statistiques criminelles n'ont pas de valeur en tant que mesure de la criminalité. Ainsi, l'immigrant fait l'objet d'un traitement différentiel dû en partie à sa situation économique et politique. Cela explique qu'il ait plus de probabilités d'être arrêté et condamné, et lorsqu'il est condamné, de l'être plus lourdement qu'un individu né dans le

pays. Quelques exceptions peuvent toutefois s'observer. Ainsi cite-t-il deux recherches qui illustrent qu'en dehors des crimes les plus graves, la délinquance commise par les Japonais, ou celle qui se pratique à l'intérieur des ghettos de New York, ne vient que rarement à la connaissance du public. Cela s'explique par l'existence d'un système interne et non officiel de régulation des conflits. Des groupes cohérents ont la capacité de servir d'écrans protecteurs à leurs membres et de cacher leur délinquance aux autorités, ce qui n'est pas le cas dans l'hypothèse où le groupe d'immigré est dispersé et faible.

Sellin considère que les crimes des immigrants sont la résultante soit d'un conflit entre les normes de conduite de la culture nouvelle et celles de l'ancienne, soit du changement d'un environnement rural pour un environnement urbain, ou bien du passage d'une société homogène bien organisée à une société hétérogène désorganisée. Il illustre ce propos par des analyses sur l'affaiblissement du groupe familial. Là où le contrôle parental reste fort, il est possible de résister aux influences déstructurantes des cités américaines. Sinon les enfants élevés dans des familles immigrées rompent les liens avec les traditions imposées par leurs parents, avant même d'avoir acquis les modèles de comportement américains. En définitive Sellin distingue deux types de conflits : un conflit de culture primaire lorsque les normes de conduite de l'immigrant sont différentes de celles de la communauté américaine (cas des personnes nées à l'étranger) ; un conflit de culture secondaire pouvant résulter de la persistance de normes parentales transmises aux enfants nés en Amérique.

Ces conflits ont donc, de son point de vue, un rôle spécifique dans la causalité criminelle qui ne dépend pas d'éléments tels que la délinquance des parents ou des pairs (association différentielle) ou de la désorganisation de l'environnement (école de Chicago). Sellin fournit là un modèle explicatif de la délinquance des étrangers et des migrants qui sera utilisé dans un nombre considérable de travaux postérieurs. Il ne nie pas l'influence possible de la position sociale ou économique des individus dans la société d'immigration, mais souligne la dimension culturelle d'un certain nombre de particularismes comportementaux sans la prise en compte desquels on ne peut pas comprendre l'usage immodéré des armes, les rituels de vengeance ou encore les querelles d'honneur.

Son schéma explicatif fut toutefois critiqué, principalement sur trois points :

– il accorderait une force trop grande au processus de socialisation en considérant que toutes les normes culturelles doivent nécessairement être intériorisées. Son cadre d'analyse mettrait en scène des automates hypersocialisés et non pas des individus exerçant des choix, alors que l'intériorisation de ces normes par les délinquants semble à certains égards imparfaite ;

– il surestimerait les différences entre les codes culturels. Les états forts de la conscience collective dont parle Durkheim, les interdits les plus importants, seraient largement partagés dans toutes les civilisations et à toutes les époques (interdit de l'inceste, du meurtre, du viol, du vol…). Du coup la théorie des conflits de culture semble inopérante pour rendre compte des conduites les plus générales ;

– enfin, Sellin n'éclairerait pas le paradoxe suivant lequel la première génération, la plus violemment confrontée au conflit de culture, a une moins grande propension à la délinquance que la deuxième génération.

2
Les théories de la tension

Le fondement philosophique des théories de la tension repose sur la croyance que la déviance n'est pas inscrite dans la nature humaine, que l'homme a plutôt tendance à respecter les normes et ne devient délinquant que parce qu'il y est contraint. Le poids de la tension entre ses aspirations et l'impossibilité qu'il a de les réaliser par des voies légitimes le conduirait à la transgression. L'organisation de la structure sociale et le poids des inégalités économiques seraient donc criminogènes. À la perspective fonctionnaliste développée par Merton et désignée sous le nom de *strain theory,* il est coutume de rattacher les travaux de Cohen (c'est Merton lui-même qui le revendique) et de Cloward et Ohlin, qui en réalité se situent dans un entre-deux entre les théories culturalistes et la théorie de la tension. Car Cohen s'est montré très critique à l'égard de la théorie de l'anomie et, si Cloward fut l'élève et le collaborateur de Merton à Columbia, Ohlin fut formé à Chicago et très influencé par les travaux de Sutherland et de Shaw et Mac Kay.

L'ANOMIE

Dans son ouvrage *De la division du travail social* (1893), Durkheim définit l'anomie comme la maladie d'une société privée de règles morales et juridiques conduisant à la désagrégation de la solidarité. Il évoque sous ce terme l'idée du changement qui s'opère lors du passage d'un type de société à un autre engendrant des manifestations de désordre et de déviance. Puis, dans *Le suicide* (1897), l'anomie est présentée comme la condensation en un individu d'un problème collectif. L'instabilité dans l'économie (crise de croissance ou dépression) ou la famille (divorce) bouleversent les règles sociales et concourent à l'augmentation du taux de suicides. Ainsi, le recours au suicide est d'autant plus fréquent que le degré d'intégration dans la société est faible.

Robert Merton[1] reprend cette idée mais lui donne un autre statut. L'anomie n'est pas la conséquence d'un état morbide ou anormal de la société mais le produit de la structure sociale. Le recours à cette notion lui permet d'avancer deux propositions : d'une part, la structure sociale est plus importante que la pauvreté dans l'étiologie de la délinquance. La meilleure preuve en est que la délinquance est parfois moins élevée dans des pays très pauvres que dans les pays riches ; d'autre part, des conduites sociales en apparence très différentes comme la délinquance d'affaires ou celle des pauvres peuvent relever d'un même modèle explicatif.

Merton part de l'interrogation suivante : comment des structures sociales peuvent-elles, dans des cas déterminés, pousser des individus à adopter un comportement déviant ? Pour le savoir il convient de distinguer deux éléments dans la réalité :

---

1. R.K. Merton, « Social structure and anomy », *Américan Sociological Review*, 3(5), 1938, p. 672-682, repris et augmenté dans le chapitre « Structure sociale et anomie », dans R.K. Merton, *Éléments de théorie et méthode sociologique*, Paris, Plon, 1965.

– les buts, les intentions et les intérêts définis par la société ;
– les moyens légitimes pour atteindre ces buts.
L'anomie est une des formes de la tension globale entre ces buts que fixe la culture d'une société et les moyens socialement admis pour les atteindre. Ainsi dans la civilisation américaine, l'un des buts sacralisés dans l'échelle des valeurs est l'argent, symbole de confort, de prestige, de pouvoir. De tous côtés s'exerce une pression qui valorise la réussite financière, l'accroissement de ses revenus, qui prône une combativité sans relâche pour atteindre cet idéal. Or, les mécanismes économiques ne permettent pas à tous d'accéder légalement à la richesse. Il s'ensuit des phénomènes de déviance. Chacun tentera à sa façon de résoudre cette tension, de s'adapter à ce phénomène économique collectif. Merton dégage cinq types d'adaptation individuels qui prennent en considération non pas la personnalité mais le rôle des individus dans l'activité économique. Un individu peut passer successivement dans sa carrière d'un mode d'adaptation à un autre.

Modes d'adaptation		*Buts*	*Moyens*
I.	Conformisme	+	+
II.	Innovation	+	-
III.	Ritualisme	-	+
IV.	Évasion	-	-
V.	Rébellion	- +	- +

Conformisme : Dans la mesure où la société est stable, ce type d'adaptation est le plus répandu. Il assure la continuité de la société.
Innovation : L'importance que la civilisation accorde au succès incite les individus à utiliser des moyens

interdits mais souvent efficaces pour atteindre la richesse et le pouvoir. L'histoire des grandes fortunes américaines est celle d'individus tendus vers des innovations d'une légitimité douteuse (habileté commerciale ou malhonnêteté ?) qui n'entravent en rien l'admiration que les gens éprouvent à leur égard. Nous sommes dans la catégorie que Sutherland a baptisée *white collar ciminality*. Mais c'est plus encore dans les classes inférieures que l'on retrouve ce mode d'adaptation car les moyens légitimes sont beaucoup moins accessibles pour leurs membres que pour ceux des classes moyennes ou supérieures.

Ritualisme : Tout en abandonnant le sublime idéal de la réussite financière et de l'ascension sociale, on continue à obéir, presque sans le vouloir, aux normes sociales. Ce comportement n'est pas considéré comme problématique même s'il s'écarte du modèle culturel selon lequel les hommes doivent s'élever dans la hiérarchie. La réduction des aspirations permet de soulager l'anxiété que provoque la compétition. Cette forme d'adaptation est la plus répandue dans la classe moyenne inférieure.

Évasion : C'est le mode d'adaptation le plus rare. Les individus qui l'utilisent ne partagent pas l'ensemble des valeurs communes, abandonnent les buts prescrits et n'agissent pas selon les normes. Ce sont les « malades mentaux, hallucinés, parias, exilés, errants, vagabonds, clochards, ivrognes, drogués ». Ce genre de comportement déviant est condamné par les tenants de la société et des traditions. L'évadé est improductif et remet les valeurs en question, refusant la compétition et trouvant des compensations dans un monde onirique. Même s'il est plus individuel que collectif ce mode peut aboutir à la création d'une sous-culture.

Rébellion : Ce type d'adaptation rejette les individus hors de la structure sociale et les pousse à en créer une nouvelle (il a parfois été considéré comme superflu dans la typologie). Ils sont étrangers et hostiles aux buts et moyens qu'ils considèrent comme arbitraires, sans autorité ni légitimité. L'origine des frustrations collectives étant située dans la structure sociale, un projet politique de transformation de cette structure peut en découler. Ce sont le plus souvent les membres des classes montantes qui unissent les mécontents et les rebelles dans des groupes à caractère révolutionnaire.

La structure sociale tend donc vers l'anomie quand l'hypervalorisation de l'issue de la compétition imprègne toutes les valeurs sociales. Elle produit alors de telles frustrations qu'elle peut contribuer à l'effondrement de cette structure. Cette théorie exercera un grand pouvoir de fascination sur des générations de sociologues. Elle sera notamment reprise par Messner et Rosenfeld[2]. Pour eux les préoccupations économiques irriguent toutes les institutions qui tendent progressivement à devenir les servantes de l'économie. Ainsi, le fonctionnement du système éducatif est de plus en plus marqué par les injonctions du marché de l'emploi (personne ne veut plus aller à l'école dans un intérêt purement éducatif). Ainsi encore les objectifs matérialistes supplantent-ils chez les citoyens le souci de la communauté, de la culture, de l'éducation. Croyances, valeurs et engagements subissent le diktat de l'argent et le rêve américain *(american dream)* en est la cause. Ses ingrédients sont multiples : l'idée que les chances de succès sont ouvertes à tous *(universalism)*, l'existence d'une compétition acharnée, qui suscite une intense peur de l'échec, pour atteindre le succès matériel *(individualism)*, la réussite financière comme étalon de sa

2. S. Messner, R Rosenfeld, *Crime and the American Dream*, Belmont, Wadsworth, 1994.

propre valeur *(achievement)*. Cette société anomique fait le lit des comportements criminels qui représentent le chemin le plus efficace pour rapidement gagner de l'argent *(to make money)*.
La théorie mertonienne fut cependant l'objet de nombreuses critiques. On lui reprocha d'affirmer que tous les membres des sociétés occidentales partagent le même but alors que seuls les individus très motivés par la réussite financière, ayant pleinement intégré les valeurs de la société de consommation, se tourneraient vers le crime. De ce point de vue l'anomie expliquerait mieux la criminalité économique que celle des classes inférieures. Ainsi, selon Cohen et plus tard Hirschi, elle serait inapte à rendre compte de la délinquance juvénile. Celle-ci n'a pas pour objectif la poursuite des buts fixés par la société. Au contraire elle est souvent gratuite, hédoniste, animée par la recherche d'un plaisir immédiat, d'une sensation forte. Elle peut s'analyser comme une réaction à l'injustice subie ou comme la quête d'une identité. Pour Robert Agnew[3], la tension vécue par les individus serait moins structurelle que personnelle et émotive, moins le produit du contexte global que l'effet de l'environnement social immédiat. C'est la pauvreté des relations interpersonnelles qui constituerait la source principale de la tension, de la colère et de la frustration qu'elle engendre.

Système scolaire et culture des gangs

Les travaux d'Albert K. Cohen[4] peuvent être situés dans la lignée de ceux de Merton car ils soulignent

---

3. R. Agnew, « Foundation for a general strain theory of crime and delinquency », *Criminology*, 30(1), 1992, p. 47-87.
4. A. K. Cohen, *Delinquents Boys : the Culture of the Gang*, New York, Free Press of Glencoe, 1955.

que la délinquance juvénile est une réponse aux frustrations sociales qu'éprouvent les enfants des classes populaires dans un monde dominé par les valeurs de réussite édictées par la bourgeoisie *(middle class)*. Ils expliquent la fréquence du recours à la délinquance dans les classes défavorisées par le fait que le système scolaire valorise les valeurs de la classe moyenne à travers le contenu des manuels scolaires et le discours de professeurs largement issus de ce milieu. Il exalte l'ambition, la capacité de contrôle, le respect des biens matériels, l'acquisition d'une forme de culture qui ne sont pas toujours ceux de la classe ouvrière. Il suscite donc une forte tension chez ceux qui ne répondent qu'imparfaitement à ses attentes. Pour le reste, Cohen se range davantage du côté des théories culturalistes (il fut l'élève de Sutherland à l'université d'Indiana) quand il considère qu'une des solutions à ce problème de statut, à ce conflit de culture, consiste pour les jeunes de milieu ouvrier à se réfugier dans une sous-culture délinquante.

Cohen décrit le processus de la façon suivante. L'élève issu des classes sociales dominées a de fortes chances, du fait de la tension culturelle qu'il éprouve, de recevoir un flot de désapprobations et de sanctions de la part de l'institution. L'estime qu'il a de lui-même peut alors s'effondrer et, dans ce cas, il abandonnera progressivement l'effort de conformisation qui lui est demandé. La rencontre d'adolescents se trouvant dans une situation similaire lui permettra de réduire l'anxiété provoquée par cette situation d'échec et de rejet. Ainsi donc les enfants des classes inférieures vont « se retirer du jeu », « refuser de reconnaître les règles comme s'appliquant à eux et [...] forger de nouveaux jeux avec leurs propres règles [...] par lesquelles ils peuvent s'accomplir de manière satisfaisante ». Par étapes successives de nouvelles normes lieront ces jeunes entre eux, ce qui constitue la condition de la constitution d'une sous-culture, à savoir le partage d'un même monde de valeurs, d'une même grille de perception de l'univers environnant. En définitive deux mondes s'opposeront : celui des *college boys* issus des classes supérieures ou moyennes, bien adaptés aux attentes de l'univers scolaire ; et celui des *corner boys*, issus des classes défavorisées, qui en prendront le contre-pied. Leur sous-culture constituera une solution collective d'adaptation à la frustration de statut *(status frustration)* dont ils souffrent à l'école. L'institution au lieu de susciter le respect de la société et des institutions engendrera le mépris des valeurs conventionnelles, et donc la transgression des normes qui les sous-tendent.

La délinquance est une des formes de cette sous-culture. Elle s'intègre dans un processus d'inversion des valeurs car elle sera d'autant plus glorifiée par les jeunes qu'elle sera considérée comme mauvaise par la société. La conduite délinquante se définit par son caractère non utilitaire (le vol est une activité valorisée par elle-même plus que par ce qu'elle rapporte), malicieux (plaisir de défier les tabous), négativiste (inversion des valeurs de la culture dominante) et hédoniste à court terme (exprimant une recherche de plaisir dans l'instantanéité). Dès lors que de nouveaux standards propres à cette sous-culture s'affirmeront, alors le clivage entre elle et la société globale ne cessera de s'accuser, renforçant « la dépendance des membres du groupe les uns par rapport aux autres ». Il existe en définitive une logique interne à la sous-culture qui fait qu'en s'affirmant davantage, elle redouble l'inadaptation sociale de ceux qui y adhérent.

Ces travaux susciteront deux ensembles de critiques. Le premier reprochera à Cohen d'exagérer l'intensité du conflit opposant les valeurs des classes moyennes à celles des classes populaires. La confrontation de deux ensembles normatifs distincts serait plus complexe, et de nombreux mécanismes d'interpénétration et d'ajustement en atténueraient la violence. D'autre part, la description que donne Cohen d'une conduite délinquante hédoniste sera contestée par ceux pour qui la dimension utilitaire est présente dans les transgressions des jeunes des classes défavorisées dont les aspirations (argent, voiture, maison…) ne sont guère différentes de celles des *college boys*.

Les opportunités différentielles

Richard Cloward et Lloyd Ohlin proposèrent[5] une extension de la théorie de l'anomie qui synthétise la théorie de Merton avec celle des associations différentielles de Sutherland et de la désorganisation sociale de Shaw et Mac Kay. « L'expérience du désespoir née de la certitude que leur position dans la structure économique est à peu près fixe et immuable » pousse les individus à chercher une réponse collective à la tension qu'ils éprouvent. La délinquance constitue une de ces réponses. Mais ne devient pas délinquant qui veut, car les opportunités illégitimes sont elles aussi restreintes. Le postulat de départ de Cloward et Ohlin consiste donc à dire que la délinquance est un ensemble de pratiques organisées exigeant certaines conditions. La probabilité de les réunir diffère selon la position occupée par les individus dans la structure sociale.

À la tension entre buts et moyens donnés par la société à ses membres évoquée par Merton, Cloward et Ohlin ajoutent la notion de moyens illégitimes

5. R. Cloward, L. Ohlin, *Delinquency and Opportunity. A Theory of Delinquent Gangs*, New York, Free Press of Glencoe, 1960.

et montrent qu'y accéder peut prendre trois formes différentes. Pour les décrire ils emploient le terme de sous-culture déjà utilisé par Cohen, mais lui donnent un sens quelque peu différent. Pour eux la sous-culture n'est pas non utilitaire, négativiste et hédoniste, mais répond à des fonctionnalités plus précises. Ils opèrent une distinction entre trois types de sous-culture.

Il existe tout d'abord une sous-culture criminelle. Elle prend naissance dans des quartiers relativement organisés où les jeunes se socialisent dans la délinquance au contact de pairs plus âgés qui représentent pour eux des modèles de réussite sociale (belles voitures, vêtements, mode de vie...). Nous sommes assez proches ici de la théorie de l'association différentielle puisque l'adhésion au monde de la délinquance est analysée comme l'aboutissement d'un processus d'apprentissage et de sélection. L'entrée dans la délinquance, pour les plus doués, s'accompagne d'une intégration dans un monde hypernormatif qui assure la conformité des conduites en réprimant impitoyablement les attitudes déviantes.

Une sous-culture conflictuelle prend naissance dans les zones de désorganisation sociale. On pense ici aux analyses de Shaw et Mac Kay. Dans ces zones de taudis, de ghettos, les voies d'accès au succès, qu'elles soient légitimes ou illégitimes, sont obstruées. La frustration vécue engendre alors des conduites désordonnées, agressives, violentes, non codifiées. Les jeunes de ces quartiers se trouvent donc écartés de toute forme d'intégration dans la société « normale » mais aussi délinquante. Leurs comportements inadaptés et réfractaires à toute forme de normalisation les surexposent au contrôle répressif. Alors que les criminels organisés parviennent généralement à se protéger des poursuites, des inculpations et de l'emprisonnement,

« dans la mesure où ils sont livrés à eux-mêmes et ne disposent d'aucun soutien financier, les criminels de ces zones ne possèdent aucune immunité, ils n'ont ni l'argent, ni les contacts politiques qui leur permettraient de "régler les affaires". De sorte qu'ils sont harcelés par la police et que nombre d'entre eux passent le plus clair de leur vie en prison ».

Enfin, une sous-culture de l'évasion – on pense ici au type 4 de Merton – rassemble les individus qui se trouvent dans une situation de double échec. N'ayant pu assouvir leurs ambitions par les moyens légitimes, ayant échoué à intégrer les rangs du monde criminel, ils vont alors se rassembler pour oublier leur frustration dans la consommation de stupéfiants et constituer des bandes de toxicomanes.

Cette théorie des opportunités différentielles présente l'avantage d'affiner celle de Merton et de mettre en lumière le fait que l'engagement dans la délinquance dépend des capacités plus ou moins avérées des individus à participer à l'univers de la criminalité organisée. On reconnaît généralement une certaine pertinence à la démonstration suivant laquelle ne devient pas criminel ou délinquant professionnel qui veut. Elle rallie moins de suffrages dans la présentation qu'elle fait d'une sous-culture de l'évasion entraînant la disparition de toute forme de socialité. Car de nombreuses analyses montrent que même les pratiques toxicomaniaques exigent le plus souvent la participation à un univers strictement organisé obligeant à des rapports étroits et continus avec ceux qui détiennent les voies d'accès au produit.

David Matza contesta l'usage fait par Cohen ou Cloward et Ohlin de la notion de sous-culture délinquante comme réaction d'opposition aux frustrations de la classe inférieure. Il la considère comme une illusion et préfère parler de « sous-cultures d'opposition » pour qualifier les comportements anticonformistes de jeunes qui oscillent entre normalité et déviance, glissent ou dérivent *(drift)* par séquences graduelles vers la délinquance[6]. Celle-ci, dit-il, n'est « qu'un statut légal » et ne désigne pas « une personne brisant continuellement les lois ». Elle n'est pas le produit d'une culture délinquante intériorisée mais plutôt la résultante d'un bricolage identitaire caractéristique de l'adolescence.

L'étoile des théories de la tension pâlira durant les années 1970 et 1980 pour briller à nouveau dans les années 1990 grâce à l'embellie du concept de capital social[7]. Par opposition au capital financier, qui concerne le pouvoir économique dont disposent les individus, cette expression désigne l'ensemble des relations sociales qu'ils développent et qu'ils peuvent mobiliser. John Hagan et Bill Mac Carthy utilisèrent le concept de capital social dans une recherche, réalisée à partir d'entretiens et d'une observation in situ, sur les jeunes de la rue à Toronto et Vancouver[8]. Ce faisant ils complétèrent la théorie de Merton en montrant que les tensions vécues par les déviants ont certes des causes économiques mais aussi sociales. Pour eux nous accumulons tout au long de notre existence des parts inégales de capital qui déterminent nos chances dans la vie. Les jeunes de la rue sont issus de familles dont le capital social est faible (chômage,

---

6. D. Matza, *Delinquency and Drift*, New York, Wiley, 1964.
7. Ce concept dut beaucoup à trois auteurs, les sociologues Pierre Bourdieu et James Coleman et le politologue Robert Putnam.
8. J. Hagan, B. Mc Carthy, « La théorie du capital social et le renouveau du paradigme des tensions et des opportunités en criminologie sociologique », *Sociologie et sociétés*, vol. 30, n° 1, 1998, p. 145-158 ; *Mean Streets : Youth Crime and Homelessness*, Cambride University Press, 1997.

absence d'un des parents, violence, antécédents criminels, absence de contrôle familial). Ils sont alors la proie d'une multitude de tensions (Merton). Le faible attachement aux parents (théorie du lien social de Hirshi), leur échec scolaire (Cohen), les poussent dans l'errance. Faute d'autres opportunités (Cloward et Ohlin) ils recourent au vol et à la prostitution pour assurer leur survie et se réfugient dans des « familles de la rue » constituant pour eux un repère ponctuel. Hagan et Mac Carthy observèrent que les politiques sociales constituaient des facteurs de variation du capital social des individus. Ainsi, le souci de la ville de Toronto de mettre à la disposition des jeunes de la rue une offre sociale faite de refuges et de soutiens financiers et psychologiques, augmentait leur capital social. À l'inverse la politique de la municipalité de Vancouver, offrant moins d'opportunités, avait pour effet de le diminuer, d'augmenter ce faisant le niveau des tensions vécues et la propension à commettre des actes criminels (drogue, vol, prostitution).

Propos d'étape 1

Théories de la désorganisation sociale, de l'association différentielle, des conflits de culture, de la tension, constituèrent les cinq dimensions pionnières de la recherche criminologique. La fécondité de leur apport se mesura au nombre des travaux qui s'en sont inspirés. Toutefois, on leur reprocha d'être exagérément factorialistes, c'est-à-dire de réduire outrancièrement la complexité de la criminogénèse à l'influence d'un seul facteur. Cela conduisit certains chercheurs à proposer une vision intégrative de ces théories susceptible de mieux rendre compte de leur complémentarité.

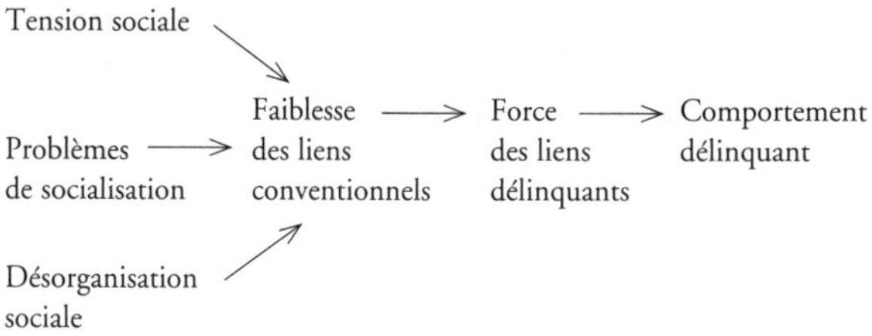

Mais cette combinaison d'éléments ne sut satisfaire une nouvelle génération de chercheurs désireux de faire rupture avec l'image d'un délinquant-objet, simple produit de ses conditions de socialisation et d'existence.

3
Les théories du contrôle

Les théories du contrôle partent généralement du postulat que les délinquants sont des êtres rationnels. Elles se situent dans le droit fil des théories utilitaristes de Bentham selon lequel tout comportement obéit à un calcul des plaisirs et des peines, ainsi que des travaux sociologiques qui, depuis Max Weber jusqu'à Raymond Boudon, portent attention au rôle de l'acteur. Ainsi le délinquant, loin d'être le jouet hypersocialisé des contraintes économiques, culturelles ou sociales qu'il rencontre, doit être analysé comme un sujet exerçant des choix, développant des stratégies pour atteindre des buts. La délinquance est une activité pratique qui obéit à des règles de rationalité identiques à celles de tous les autres comportements sociaux. Le délinquant sait pourquoi il commet certains actes, comment il faut les pratiquer et peut les décrire. Sans doute la rationalité de l'acteur est limitée. Il n'a pas toujours les qualités requises pour commettre l'acte envisagé et n'en a pas conscience. Il ne détient pas toujours toutes les informations nécessaires à sa réalisation. Son goût du risque peut le porter à minimiser les chances qu'il a d'être arrêté et condamné. Son rapport au temps peut l'inciter à surévaluer les bénéfices immédiats de son acte sur ses inconvénients à moyen ou long terme. Mais, dans le cadre des contraintes inhérentes à toute action humaine et au contexte social dans lequel il évolue, le délinquant possède une marge de manœuvre suffisante pour engager sa responsabilité.

La notion de contrôle social fut présente dès les premiers travaux sociologiques. On la rencontre ainsi chez Durkheim. Sur le plan criminologique c'est Robert Park qui le premier en fit l'analyse. Il considéra que la désorganisation sociale était l'effet d'un effondrement du contrôle social, et en particulier des contrôles primaires exercés par la famille et la communauté. Il préférait leurs performances régulatrices à celles des contrôles sociaux institutionnels (école, église, travail social, police, justice…). Clifford Shaw mit en œuvre dans ses *Chicago area projects* une méthode de refondation de contrôles de proximité basés non pas sur l'intervention de professionnels mais sur l'implication de la communauté. Toutefois, on ne parlera de théories du contrôle qu'avec la théorie du lien social de Travis Hirshi. Dans les travaux qu'il mena ensuite avec Michael Gottfredson, il ajouta à son approche initiale la dimension plus subjective du contrôle personnel. Se développèrent plus ou moins à la même époque des recherches, plus criminologiques, du fait de leur pluridisciplinarité, que véritablement sociologiques, focalisées sur l'action et la stratégie du délinquant (Cusson), le mode de vie des victimes (Hindelang, Gottfredson et Garofalo), ou la situation criminogène (Cohen et Felson). Ce courant de pensée enfanta une stratégie de prévention dite « situationnelle » faisant rupture avec les politiques développées pendant les Trente Glorieuses dans le cadre des États providence, et dont l'objectif fut d'assurer par la dissuasion une forme de contrôle exogène sur les individus ou les zones à risques.

La théorie du lien social

Hirshi rejette toute analyse causale et considère que le crime n'est pas un dysfonctionnement social mais au contraire un comportement normal. En effet, le caractère déviant et anticonformiste de l'humain est la règle. C'est la conformité qui doit nous étonner car la violation des normes sociales est attrayante, profitable et source de plaisir. Dans ces conditions le vrai débat consiste à se demander pourquoi tout le monde ne devient pas délinquant et qu'est-ce qui empêche ce penchant naturel de s'exprimer. Il faut donc comprendre les motivations qui poussent les individus à adopter un comportement conforme aux normes sociales, et analyser les contrôles, les liens et les freins qui en favorisent la production. La théorie de Hirshi consiste à affirmer que les liens *(bonds)* sociaux conventionnels jouent un rôle essentiel de contrôle et d'inhibition des motivations déviantes et que déviance et délinquance résultent de la fragilité, de l'affaiblissement ou de la rupture des liens avec la société conventionnelle. Elle s'appuie sur une enquête de délinquance autorévélée, réalisée auprès de 4 000 adolescents scolarisés[1].

Le lien social se composerait de quatre éléments agissant cumulativement :

– l'attachement : il se mesure à la tendance qu'a le sujet à s'identifier à des personnes de référence (parents, enseignants, pairs…) et à la sensibilité qu'il manifeste aux attentes et aux opinions que celles-ci auront à son égard. Ainsi, plus un individu est sensible aux opinions que ces « autruis signifiants » lui adressent, moins il est probable qu'il adoptera un comportement déviant. Un

1. T. Hirshi, *Causes of Delinquency*, Berkeley, University of California Press, 1969.

enfant qui aime ses parents ne voudra pas leur faire de peine en commettant un acte qu'ils réprouveraient. L'enquête démontre que, plus le contrôle parental est fort, plus la communication avec les parents est développée, plus le processus d'identification des enfants aux parents est important, moins la délinquance autorévélée par les adolescents est élevée. De la même façon, plus un élève se préoccupe de ce que ses enseignants pensent de lui, moins sa délinquance autorévélée ou officielle est importante ;

– l'engagement *(commitment)* est défini comme le sentiment d'être tenu par ses engagements antérieurs. Le sujet qui a investi son énergie et son temps dans un milieu aura plus de difficulté à s'en détacher lorsqu'il évaluera le coût d'un acte qu'il veut commettre et qui pourrait le couper de ce milieu. Ce calcul de type « profits et pertes » prendra par exemple en compte une réputation à défendre, une place chèrement acquise à conserver ;

– l'implication *(involvement)* doit être comprise comme le fait d'être empêtré dans quelque chose. Le sujet est absorbé par ses activités. Il ne lui reste plus le temps de commettre des actions déviantes. C'est la traduction de l'adage « l'oisiveté est mère de tous les vices ». Ainsi, l'écolier qui est attaché à son statut non seulement ira à l'école mais passera le plus clair de son temps dans une logique allant dans le sens de cette activité statutaire. Cette sorte « d'emprisonnement positif » se matérialise par le fait qu'en rentrant chez lui il fera ses devoirs, qu'il ne se couchera pas trop tard pour être en forme le lendemain… Cet investissement suppose une organisation de vie évitant que d'autres désirs, faute de temps le plus souvent, puissent émerger ;

– la croyance *(belief)* en la valeur des normes communes est enfin décisive. Le respect des règles est généralement étroitement corrélé avec la valeur qu'on leur accorde même si parfois, comme l'a montré Matza, les délinquants transgressent des normes dont ils ne contestent pas la valeur.

Il fut reproché à cette théorie du lien social d'occulter la dimension du conflit dans la formation des comportements. Car une personnalité se forge le plus souvent dans l'opposition et les relations humaines se construisent rarement sans heurts. Sa théorie entre d'autre part en contradiction avec les perspectives culturalistes. Lorsqu'il constate que les délinquants ont peu de compétences relationnelles, que les relations qu'ils entretiennent avec leurs amis sont « fragiles et froides », Sutherland ou Cohen notent au contraire qu'ils sont dotés de compétences sociales développées, qu'ils développent des liens chaleureux et constructifs avec leurs pairs, qu'ils en sont largement dépendants, qu'ils sont prêts à sacrifier leur intérêt personnel au profit des valeurs du groupe. On critiqua enfin Hirshi pour avoir survalorisé la dimension verticale du processus de transmission de valeurs (un fort attachement aux parents induit une bonne acceptation des valeurs de l'école et le développement de liens d'amitié de qualité) au détriment des interactions de nature horizontale (entre pairs).

La théorie du contrôle personnel

Puis, en collaboration avec Michael Gottfredson, Hirshi compléta sa théorie du lien social pour élaborer une théorie générale du crime[2] selon laquelle la délinquance n'est pas seulement le produit de liens sociaux défaillants mais aussi celui des carences du

---

2. M.R. Gottfredson, T. Hirshi, *A General Theory of Crime*, Stanford, Stanford University Press, 1990.

contrôle exercé sur soi *(low self-control)*. Car les opportunités criminelles sont très fréquentes et ouvertes à tous. Tous les individus ont de multiples occasions de passer à l'acte qui ne nécessitent pas de compétences particulières. Ce qui les empêche de le faire, c'est leur capacité à réfréner leurs désirs ou leurs besoins, à en différer la satisfaction. Les auteurs distinguent six indicateurs, prédictifs de délinquance, de cette absence d'autocontrôle :

– l'impulsivité, qui incite à commettre des actes dans le « feu de l'action » sans la prudence la plus élémentaire ;
– l'insensibilité ou l'indifférence aux sentiments et aux souffrances d'autrui ;
– l'activisme ou la propension à être toujours en mouvement, en quête d'aventures et d'expériences nouvelles ;
– le goût du risque, la recherche de sensations fortes susceptibles de réenchanter le quotidien ;
– le présentisme, soit la propension à vivre dans le moment présent, *hic et nunc*, sans capacité à élaborer des projets d'avenir ou à différer la satisfaction de ses besoins ;
– la difficulté à verbaliser, à symboliser par le langage, les désirs, les émotions, qui dès lors s'expriment par des passages à l'acte éventuellement violents.

Ces différents éléments expliqueraient tous les comportements criminels, du meurtre jusqu'au vol et au vandalisme, ou même les comportements à risque comme la consommation de drogue et d'alcool, l'implication dans des bagarres, dans des accidents, dans des histoires affectives chaotiques. Car l'étude de la carrière des criminels montre qu'ils se livrent à toutes sortes d'actes déviants, qu'ils sont « généralistes ». Et tous ces événements s'expliqueraient par le faible contrôle personnel qui les caractérise. Ce symptôme apparaîtrait dès le plus jeune âge et resterait stable tout au long de la vie adulte. Il trouverait son origine dans un mauvais exercice des rôles parentaux *(parenting)*, dans la façon peu adaptée ou insuffisante dont les parents ont encadré leurs progénitures (la recherche montre que les filles sont mieux supervisées que les garçons et possèdent dès lors un meilleur contrôle personnel). La transmission intergénérationnelle de la délinquance pourrait s'expliquer par le fait que les parents souffrent eux-mêmes d'un faible contrôle personnel et seraient alors des éducateurs peu compétents. La lutte contre de tels échecs du processus de socialisation passerait par la promotion d'un système éducatif familial reposant sur quatre piliers : l'établissement de règles claires, une bonne supervision du comportement des enfants afin qu'ils intègrent les interdits essentiels, la désapprobation de leurs méfaits et l'attribution de sanctions affirmant la cohérence du système normatif.

De nombreux chercheurs confirmèrent, dans leurs travaux empiriques, la validité de la théorie du *self control.* Mais la prétention de Gottfredson et Hirshi d'établir une théorie générale du crime fut vivement critiquée. Leur volonté d'expliquer par un manque d'autocontrôle tous les actes criminels ainsi que de nombreux comportements déviants fut jugée trop ambitieuse et peu crédible. De nombreuses conduites, dont en particulier la participation aux réseaux du crime organisé ou la pratique de la délinquance économique et financière, ne peuvent, en effet, s'expliquer par la seule faiblesse du contrôle personnel.

L'analyse stratégique

Le criminologue québécois Maurice Cusson considéra que les recherches étiologiques sur la délinquance étaient excessivement déterministes et incomplètes. Considérant les délinquants comme des êtres normaux, il ne s'intéressa pas aux causes lointaines de la délinquance mais au délinquant dans l'action, aux raisons qui le poussent à agir[3]. Pour en rendre compte il élabora le concept d'analyse stratégique ou actionniste. L'acte déviant serait orienté vers des résultats, il posséderait sa rationalité propre, l'acteur tiendrait compte des opportunités qui s'offrent à lui et de la conduite de ses adversaires, il aurait de « bonnes raisons » d'agir comme il le fait.

Cusson prétend que l'écrasante majorité des infractions, à l'exception de celles qui relèvent de la « folie criminelle » ou de circonstances extraordinaires, se caractérisent par leur rationalité, mais une rationalité limitée, subjective, l'acteur ne recherchant pas la meilleure solution mais la solution la plus satisfaisante à son problème. Ce n'est pas parce qu'il est rationnel que l'acte est bien planifié et organisé, car de nombreux paramètres peuvent échapper à sa vigilance ou à sa conscience.

Le crime n'est pas une fin en soi mais le moyen d'atteindre des buts. Cusson en inventorie quatre catégories : l'action (excitation de l'acte, caractère ludique ou festif de la transgression), l'appropriation (les nécessités de la survie quotidienne, la jouissance de la possession, l'utilité d'un bien, la convoitise), l'agression (utilitaire pour se procurer le bien d'autrui, vengeresse pour réparer le tort subi, défensive pour se prémunir d'attaques éventuelles), la domination (actes motivés par un désir de puissance, de prestige ou par la cruauté). Certains de ces objectifs peuvent être atteints par des moyens légitimes (le travail, le sport…) mais la réduction des opportunités de

---

3. M. Cusson, *Délinquants pourquoi ?*, Montréal, Hurtubise HMH, 1981.

réussite (du fait par exemple de l'échec scolaire ou du chômage) conduit certains individus à les satisfaire par des moyens illégitimes. L'appartenance à un groupe facilitera la commission des actes criminels et l'émulation collective intensifiera le plaisir qu'on en retire.

Mais l'activité criminelle occasionne aussi des coûts. Cusson en propose trois groupes : les coûts physiques (blessures, incarcération), les coûts moraux (perte d'estime chez les proches, menace sur la vie affective), les coûts sociaux (perte d'un emploi, de relations sociales). Ils sont naturellement relatifs aux caractéristiques des individus (âge, nature des relations affectives, propension au présentisme...) ou des conditions (exclusion ou intégration sociale...) dans lesquelles ils vivent. C'est l'évaluation du rapport entre ces bénéfices et ces coûts qui conduira les personnes à commettre un acte déviant ou à y renoncer. Ainsi, les individus « suractifs », représentant 5 % des délinquants mais commettant 50 % des infractions[4], auraient choisi un mode de vie criminel aventureux et festif plutôt que de s'ennuyer dans la pratique d'une activité conventionnelle. Pour eux le jeu « en vaut la chandelle », car les risques qu'ils encourent leur paraissent faibles comparativement aux jouissances qu'ils retirent de leurs transgressions. Seule l'existence de peines certaines pourrait être de nature à modifier leur calcul.

Il fut reproché à Cusson son excès de rationalisme, mais aussi le fait de cultiver une vision très conformiste de la normalité sociale, de considérer les normes pénales et l'activité répressive de façon non critique. Ainsi, lorsque l'analyse stratégique évalue

4. M. Cusson, *La délinquance, une vie choisie entre plaisir et crime*, Montréal, Hurtubise HMH, 2005.

l'implication des individus dans le commerce des drogues, elle omet de problématiser le contenu et la fonction politique des lois dont dépendent les processus d'incrimination. Une enquête menée par Piliavin et ses collègues sur un groupe témoin de 3 300 personnes recrutées dans neuf villes américaines et impliquées dans un programme de réintégration par le travail, montra que le processus cognitif mobilisé dans la décision de violer la loi est complexe[5]. La conscience des risques encourus avait relativement peu d'incidence sur le choix des opportunités criminelles. De très nombreuses variables interviendraient, dont par exemple le fait d'avoir déjà fréquenté le système répressif (la peur de la sanction serait érodée par l'expérience judiciaire et carcérale vécue) et il serait aventureux de vouloir en évaluer précisément la part respective.

La théorie de la victimisation personnelle

Un certain désenchantement à l'encontre des dispositifs de réinsertion des délinquants *(nothing works)* émergea à partir du milieu des années 1970 et l'on vit apparaître conséquemment un intérêt de plus en plus soutenu pour les victimes et une crainte générale de l'insécurité. Ce mouvement se traduira par l'adoption de politiques pénales de plus en plus sécuritaires et par le succès croissant des recherches de victimation[6].

---

5. I. Piliavin, R. Gartner, C. Thornton, R. Matsueda, « Crime, deterrence and rational choice », *American Sociological Review*, 51, 1986, p. 101-119.
6. Les enquêtes de victimation (on dit aussi victimisation) ont pour objectif de mesurer la criminalité réelle et non pas seulement celle qui est portée par les victimes à la connaissance des services de police. Elles utilisent une technique basée sur le recueil des déclarations anonymes d'un échantillon représentatif d'individus sélectionnés dans un espace

La victime entre désormais au cœur de la réflexion des criminologues.

C'est ainsi que Hindelang, Gottfredson et Garofalo formulèrent la théorie de la victimisation personnelle[7]. La probabilité d'être victime d'une infraction est corrélée au style de vie que l'on mène selon ses activités professionnelles ou de loisir, et le nombre et la qualité des personnes que l'on rencontre. C'est ainsi que le risque d'être victime est plus fort pour les personnes côtoyant des délinquants ou fréquentant des lieux dans lesquels vivent les délinquants. Le fait de vivre dans de grandes métropoles, d'utiliser les transports urbains, d'habiter dans des ghettos, de passer beaucoup de son temps dans des bars, discothèques ou boîtes de nuit, d'être marginal ou délinquant soi-même, représentent des facteurs de risque conséquents.

La probabilité d'une victimation est notamment importante pour les hommes jeunes qui subissent la plupart des infractions contre les personnes ou des vols simples. Ce sont eux qui fréquentent le plus la catégorie d'âge dans laquelle se recrute la majorité des délinquants, qui se trouvent le plus souvent en dehors de leur domicile et dans des lieux publics, en particulier la nuit. La théorie souligne que le profil type des victimes d'infractions contre les personnes est le même que celui des délinquants : des hommes jeunes, célibataires, urbains, sans emploi ou n'ayant que de faibles revenus.

---

donné. On peut ainsi mesurer les infractions dont ils ont été victimes pendant un temps déterminé, et évaluer les stratégies, personnelles, sociales, judiciaires qu'ils ont ensuite déployées.

7. M.J. Hindelang, M.R. Gottfredson, J. Garofalo, *Victims of Personal Crime : an Empirical Foundation for a Theory of Personal Victimization*, Cambridge (Mass.), Ballinger, 1978.

Les personnes âgées sont en revanche peu souvent victimes d'infractions car elles fréquentent majoritairement des personnes du même âge et adoptent un style de vie moins exposé. Les femmes sont également sous-représentées parmi les victimes parce qu'elles s'associent plus souvent avec d'autres femmes – on sait que la proportion de délinquantes est très faible –, et parce qu'elles modifient leur style de vie en fonction de la conscience qu'elles ont d'être des cibles vulnérables, notamment pour les infractions sexuelles qui les concernent particulièrement. Une stratégie d'anticipation des risques serait ainsi mise en œuvre par les personnes qui sont considérées a priori comme plus faibles physiquement.

Cette théorie fit l'objet de moqueries au motif qu'elle serait tautologique. Il suffirait de ne pas sortir de chez soi pour diminuer les risques d'être victime. Elle apporte en réalité l'idée que l'on n'est pas victime par hasard, que la distribution de la victimation dans la population n'est pas aléatoire et dégage la notion de probabilité d'exposition *(probabilistic exposure)* dont les applications dans les travaux de victimologie ultérieurs seront nombreuses.

La théorie de l'activité routinière

Les travaux de Lawrence Cohen et Marcus Felson[8] s'inscrivent dans la même démarche que la théorie de la victimisation personnelle et la complètent. Ils ne cherchent pas à savoir pourquoi des individus sont enclins à commettre des infractions mais examinent les facteurs qui en favorisent la réalisation. C'est

8. L.E. Cohen, M. Felson, « Social change and crime rate trends : a routine activity approach », *American Sociological Review*, vol. 44, 1979, p. 588-608.

en quelque sorte la traduction de l'adage « c'est la situation qui fait le larron ». Mais à la différence de la précédente théorie, ils prennent moins en compte le mode de vie des personnes pour considérer plutôt les conditions matérielles de la réalisation des infractions.

Les théories étiologiques ont souvent corrélé le développement de la délinquance avec la pauvreté, les inégalités, le chômage, les mauvaises conditions d'habitat. Or, Cohen et Felson notent que la délinquance américaine connût une explosion depuis les années 1960 alors même que, pendant cette période, la situation économique fut florissante et les tensions sociales moins vives. Dans la logique des recherches antérieures la délinquance aurait donc dû diminuer, mais c'est le contraire qui s'est produit. Ils vont donc proposer une autre explication. En s'intéressant aux infractions prédatrices comme les atteintes aux biens, ils observent que trois conditions de réalisation de l'infraction doivent être réunies : un individu résolu à commettre une infraction, la rencontre d'une cible à la fois attrayante et mal protégée.

Cohen et Felson exposent que les évolutions sociologiques et économiques qui ont marqué les États-Unis depuis les années 1950 ont transformé la nature des activités routinières (au sens d'activité de la vie quotidienne ayant une certaine régularité, travail, école, loisirs, déplacements…) de la population. Cette transformation a favorisé la convergence criminogène des trois facteurs précités. C'est ainsi que l'on peut corréler statistiquement l'augmentation des cambriolages, entre 1947 et 1977, avec l'augmentation du célibat, l'allongement des déplacements entre le lieu d'habitation et le lieu de travail, le développement du travail des femmes, la croissance du nombre des départs en vacances et de la durée de ces dernières, des voyages ou de la fréquentation des parcs nationaux. Il en résulte que les citoyens américains passent une part de plus en plus importante de leur temps en dehors de leur domicile. Le nombre d'habitations inoccupées et sans surveillance pendant la journée ou à certaines périodes de l'année augmente donc la quantité des cibles vulnérables. Du coup, disent-ils, le cambriolage est devenu un *« 9 to 5 job »*.

Cette évolution est renforcée par l'augmentation du nombre des biens en circulation, par exemple les automobiles ou les appareils électroniques, et donc des occasions. La probabilité de commettre des délits est renforcée par la multiplication des cibles attractives mais aussi la facilité plus grande à les transporter (les postes de télévision sont de plus en plus légers). Toutefois, le développement de moyens de protection, comme l'installation de sirènes d'alarme ou de serrures au volant, peut infléchir cette tendance. Dans cette logique, l'imprévoyance des victimes, le niveau socio-économique qui fait varier le niveau d'équipement en systèmes de protection, constituent des facteurs de victimation importants.

En définitive Cohen et Felson nous apprennent que la délinquance prédatrice n'est pas la résultante d'un certain nombre de dysfonctionnements sociaux, mais peut être plutôt considérée comme l'effet d'un affaiblissement du contrôle social, « comme un sous-produit de la liberté et de la prospérité telles qu'elles se manifestent dans les activités routinières de la vie de tous les jours ».

La théorie de la vitre cassée

Les différentes théories présentées dans ce chapitre contribuèrent indirectement à l'élaboration d'une nouvelle stratégie de prévention de la délinquance, baptisée « prévention situationnelle ». C'est en renforçant la protection des cibles vulnérables, en sécurisant les espaces fragiles, que l'on pourra le mieux dissuader les auteurs potentiels et éviter les victimations. Cette démarche opère une rupture, les scientifiques parlent de changement de paradigme, avec les politiques développées depuis la fin du second conflit mondial qui, dans le contexte financier florissant des États providence, ont pu construire des politiques sociales très sophistiquées destinées à réinsérer les délinquants. Mais le doute jeté sur les résultats de cette politique *(nothing works)* associé à la réduction drastique des budgets sociaux et à la montée d'un sentiment d'insécurité croissant face aux bouleversements de la postmodernité (érosion des États nations, mondialisation de l'économie et dérégulation des marchés, crise des repères idéologiques et religieux, amplification des mobilités de capitaux, d'idées, de personnes, d'images, apparition de nouvelles technologies d'information et de communication transformant le rapport au temps et à l'espace), ont favorisé l'émergence de réponses destinées à rassurer les personnes et à gérer les risques potentiels qu'elles redoutent. C'est ainsi que la prévention générale des causes de la délinquance ou l'idéal réhabilitatif de transformation positive des individus se virent disqualifiés au profit de tactiques protectrices à plus court terme.

La célèbre théorie de la vitre cassée formulée par Wilson et Kelling est emblématique de ce courant. Partant de la métaphore selon laquelle « dans le cas où une vitre brisée n'est pas remplacée, toutes les autres connaîtront bientôt le même sort[9] », elle considère que « les comportements d'abandon mènent

---

9. J.Q. Wilson, G.L. Kelling, « Broken windows. The police and neighbourhood safety », *Atlantic Monthly*, n° 249, mars 1982, p. 29-38.

à l'effondrement des contrôles sociaux ». Il suffirait de peu de choses pour que le lien social bascule dans une spirale de décomposition. Si les ordures s'accumulent, les enfants deviennent bruyants et insolents, les jeunes boivent, se droguent, les voisins cessent de se respecter, alors la satisfaction à vivre dans le quartier décroît et les familles les plus socialement intégrées commencent à déménager, ce qui induit un processus de ghettoïsation. Le quartier est disqualifié et attire délinquants et marginaux, les habitants désertent l'espace public où ils se sentent en insécurité et se replient sur leur espace privé, les solidarités se désagrègent. Le rôle du contrôle social informel (proches et communauté) et institutionnel serait donc fondamental, et le renoncement à la lutte collective contre les désordres induirait une désagrégation inexorable du lien social. L'application de cette théorie engendra nombre de polémiques. Tandis que Wilson et Kelling avaient souligné la nécessité de revitaliser les liens sociaux de proximité et d'organiser une action policière dense mais proche des citoyens, c'est une interprétation répressive de leurs théories, sous le vocable de « tolérance zéro », qui leur assura la postérité. Le succès incroyable d'une théorie pourtant assez mince fut moins dû à sa qualité intrinsèque qu'au climat idéologique dans lequel elle fut instrumentalisée. Sa circulation fut en effet assurée par l'activisme des réseaux intellectuels néo-conservateurs américains, et notamment le Manhattan Institute, puis anglais, et arriva en France dans un contexte politique où le thème de l'insécurité devenait un enjeu électoral de premier plan.

Clarke et Mayhew présentèrent dans le même esprit une théorie situationnelle selon laquelle le crime ne peut diminuer qu'en augmentant les risques encourus par les criminels[10]. Face à la complexité des problèmes moraux, sociaux et psychologiques que soulèvent beaucoup de théories, ils proposent en quelque sorte une criminologie du bon sens qui fait l'inventaire des moyens possibles d'intervention. Parmi eux, on peut citer la réduction de la vulnérabilité des cibles du crime *(target hardening)* par le développement de mesures de protection (alarmes, dispositifs antivols), la suppression des instruments du crime (lutte contre la libre disposition des armes à feu), la réduction des gains tirés du crime (marquage des objets devenant alors difficilement négociables), l'intensification de la surveillance formelle ou naturelle (gardiennage ou associations de voisins), l'aménagement de l'environnement (heures de fermeture des bars, des transports publics…). Mais on reprocha à cette stratégie d'entraîner un déplacement de l'activité criminelle vers des zones pauvres ou des publics n'ayant pas les moyens de se protéger. Cet effet fut acté par certains chercheurs qui estimèrent cependant qu'il n'était que partiel, la capacité d'adaptation des individus dépendant de l'intensité de leur motivation (celle des toxicomanes est inflexible) et de l'attractivité des cibles de rechange (par exemple la substitution des banques trop protégées aux bureaux de tabac qui le sont peu).

La prédominance actuelle de la prévention situationnelle sur les autres formes de prévention serait, d'après David Garland, la marque de l'essor d'une *culture du contrôle*[11]. Elle ne serait pas seulement le produit de stratégies politiques conservatrices mais

10. R.V. Clarke et P. Mayhew (sous la direction de), *Designing out Crime*, London, HMSO, 1980.

11. D. Garland, *The Culture of Control : Crime and Social Order in Contemporary Society*, Oxford University Press, 2001.

s'enracinerait dans des sensibilités nouvelles et se manifesterait de multiples façons : développement de la sécurité privée, construction de quartiers résidentiels sécurisés, de communautés fermées, foisonnement de systèmes de protection, d'observation et de détection, alarmes, systèmes d'écoute, caméras de vidéosurveillance, puces, biométrie, GPS, bracelet électronique…

*

* *

L'accent porté sur l'influence structurante du contrôle social informel, ou éventuellement institutionnel, paraît frappé du sceau du bon sens. Mais les théories rationalistes souffrent de certaines limites. Elles donnent une explication probablement trop instrumentale de la délinquance et font l'impasse à la fois sur le contexte politique et social et sur les dimensions subjectives de l'acte délinquant. Elles postulent que la logique d'action des délinquants est réfléchie, clairvoyante et organisée, ce qui ne vaut probablement que pour la criminalité économique et financière. Or, l'examen des conditions de réalisation des infractions montre que la majorité d'entre elles relèvent de facteurs multiples dont l'interaction est très complexe. Car l'acte délinquant peut avoir des significations expressives (plaisir de la transgression, recherche d'identité…), des soubassements psychologiques (psychoses, pulsions névrotiques, actes passionnels) ou situationnelles (phénomènes de groupe…), qui ne relèvent pas, loin sans faut, d'un calcul savamment élaboré.

4
Les théories de la réaction sociale

Les théories causalistes qui s'en tiennent principalement à rechercher les raisons individuelles ou sociales de la délinquance, les « fatalités » qui la génèrent, ou les théories rationalistes qui placent le projecteur sur l'agent délinquant et ses stratégies de jeu avec le contrôle social, peinent à rendre compte de l'effet que la réaction informelle ou institutionnelle de la société produit sur les comportements sociaux. Certains courants de pensée vont donc s'efforcer d'introduire ce qu'ils considèrent comme le chaînon manquant de la réflexion criminologique.

Cette démarche, dont l'apogée se situe dans les années 1960, fut inspirée par les travaux de Gabriel Tarde, Hubert Spencer ou Georg Simmel. Elle considère qu'il est peu scientifique de se demander qui est le déviant, comme l'ont fait les premiers sociologues, sans prendre la précaution préalable d'analyser la façon dont une société définit la déviance. Car de cette définition dépendent les types de conduite qui feront l'objet d'un rejet social et d'un traitement institutionnel et, comme toutes les conduites ne sont pas également pratiquées dans tout le corps social, les catégories de population qui feront l'objet d'une réprobation sociale. Il faut donc se demander pourquoi certains types de comportements et pas d'autres font l'objet d'une mise à l'index voire d'une incrimination, pourquoi certains déviants sont rejetés ou condamnés alors que d'autres ne le sont pas, et quels sont les effets de l'intervention institutionnelle tant sur le plan collectif que sur la carrière des individus.

La criminologie sera profondément marquée par ce changement de paradigme. C'est le courant de l'interactionniste symbolique qui donnera le coup d'envoi de cette révolution conceptuelle, poursuivie ensuite par des approches ethno-méthodologiques constructivistes.

L'interactionnisme symbolique

C'est au début des années 1950 dans les universités californiennes et du Middle West des États-Unis que se développa un courant de travaux critiques dont la thématique principale n'est pas l'analyse de la délinquance, mais qui bouleversa les représentations dominantes dans le champ de la criminologie. La rupture fut d'abord méthodologique. Ces travaux, hostiles à la domination de la sociologie fonctionnaliste et des méthodes quantitatives prisées par l'*establishment* universitaire, plaidèrent pour un retour à la tradition du *field work* de l'école de Chicago. L'expérience immédiate est seule susceptible de conférer une authenticité à la connaissance sociologique qui ne saurait se réduire à la mise en équation abstraite du réel. La posture méthodologique consiste à prendre en compte le point de vue des acteurs et non pas, comme dans nombre de recherches passées, celui des institutions. Ce courant, qui représente une des formes de la sociologie compréhensive, fut qualifié en 1937 par Herbert Blumer d'« interactionnisme » symbolique. Il considère que la conception que les acteurs se font du monde social est l'objet essentiel de la recherche sociologique. Car, pour reprendre les propositions de William Thomas, si les individus définissent des situations comme réelles, elles le sont dans leurs conséquences. Nous vivons dans un environnement à la fois physique et symbolique, et c'est nous qui construisons à l'aide de symboles les significations du monde et de nos actions.

Mais cette rupture s'exprima également sur le fond. On peut, à gros traits, évoquer quelques critiques qu'adressèrent les interactionnistes aux analyses sociologiques précédentes :

– la perspective interactionniste considère que les travaux antérieurs ont une conception déterministe de la déviance. Le comportement déviant des citoyens serait conditionné par l'influence du contexte urbain, de la culture dans laquelle ils sont immergés, des tensions qu'ils ressentent lorsqu'apparaît une dissonance entre leurs aspirations et leurs possibilités réelles d'accomplissement. Certes, on le verra, les travaux interactionnistes soulignent la part prépondérante de la désignation sociale dans l'intégration d'un statut déviant et la reproduction des conduites déviantes. Pourtant, si le poids des classements sociaux est pour eux important, la déviance et *a fortiori* la délinquance doivent être considérées comme l'aboutissement d'un processus dynamique d'interaction. La confrontation entre les divers acteurs d'une situation ouvre des espaces de jeu, déclenche des espaces de réciprocité, donne de multiples possibilités d'interprétation qui échappent à des schémas préconstruits ;

– les interactionnistes invalident la prétention des criminologues de distinguer la déviance de la normalité, les délinquants des non-délinquants. Car cet objectif est scientifiquement inaccessible. D'une part il n'y a pas de définition ontologique de la déviance.

Celle-ci n'est que relative à celui qui perçoit et qualifie un comportement. Il en est de même pour le crime que les codes pénaux sont dans l'incapacité de définir, sinon par la peine qui lui est attribuée. La criminalité dont nous avons connaissance n'est qu'un produit statistique dont la crédibilité est minée par l'existence du « chiffre noir » (écart entre la criminalité réelle et la criminalité révélée). La statistique criminelle porte en effet seulement sur la criminalité déclarée mais ne saurait donner d'informations sur la criminalité réelle, c'est-à-dire l'ensemble des faits criminels perpétrés pendant un temps déterminé dans une société donnée. Elle ne constitue donc pas une image de la criminalité mais seulement une photographie du fonctionnement des appareils policiers et judiciaires. C'est donc uniquement une construction sociale, une statistique administrative qui mesure l'activité des services répressifs. En conséquence, la mesure scientifique de différences entre délinquants et non-délinquants est hasardeuse car elle conduit à considérer les auteurs inconnus comme non-délinquants, ce qu'ils ne sont pas nécessairement. Manouvrier l'avait déjà observé dans un fameux mémoire de 1892 où il notait l'impossibilité de différencier les criminels des honnêtes gens, car « tandis que la catégorie des criminels sera représentée par tout ce qu'il y a de plus misérable et de plus inférieur dans cette catégorie, les autres criminels, les supérieurs, que la prison ne voit guère, seront placés dans la catégorie des honnêtes gens[1] ». Enfin, il serait vain de vouloir objectiver une différence entre normalité et déviance compte tenu de la complexité des relations entre attitudes dévian-

1. L. Manouvrier, « Questions préalables dans l'étude comparative des criminels et des honnêtes gens », *Archives d'anthropologie criminelle*, 1892, p. 558-574.

tes et conformistes. En effet, pour qu'un individu soit classé comme délinquant, il suffit qu'il ait commis et ait été condamné pour un seul délit. Qu'il ait vécu par ailleurs dans le respect le plus scrupuleux des lois n'entre pas en considération. À l'inverse, un individu qui tout au long de sa vie aura passé le plus clair de son temps à jouer habilement avec les normes sera catalogué non-délinquant ;

– la criminologie étiologique, en centrant son attention sur les causes du comportement délinquant, oublie de prendre en compte le processus de définition institutionnelle qui cristallise le concept même de crime et détermine la façon dont il est traité. La compréhension du crime ne peut passer que par l'analyse de la réaction sociale, depuis les mécanismes de rejet dont font l'objet les délinquants de la part de leur environnement, en passant par les mécanismes juridiques et judiciaires de l'incrimination, pour finir par la prise en considération de l'ensemble des réponses sociales et institutionnelles existantes et de leur articulation.

De nombreux travaux se rattachent au courant de l'interactionnisme symbolique, qui chacun à leur façon, avec leur sensibilité propre, creusent le même sillon, s'emboîtent les uns aux autres et participent d'un cheminement commun. Tous s'intéressent à ce qui se joue entre les acteurs au fil de leurs interactions quotidiennes, à ce qui détermine leurs comportements mutuels, à ce qui les conduit à « s'entendre sur une définition qui leur permet de mener à bien leurs tâches pratiques[2] ». Tous optent pour l'observation empirique de ces acteurs en situation plutôt que d'analyser les structures ou les systèmes. Tous

2. H.S. Becker (1963), *Outsiders, Études de sociologie de la déviance*, Paris, A.M. Métailié, 1985.

considèrent que la réalité n'existe pas en soi. Elle n'est que symbolique, dépendante du sens, des interprétations que les humains en donnent. Tous enfin proposent une sociologie sans espoir de repos qui fait de l'instabilité des transactions et des ajustements permanents entre acteurs doués de réflexivité l'objet de sa réflexion. Pour les interactionnistes la société est un ensemble vivant sans cesse en construction et en déconstruction. On le voit déjà dans les premiers travaux de Tannenbaum et Lemert, puis dans ceux de Matza, Schur et dans ceux de Becker et Goffman, probablement les plus célèbres, qui donnèrent leur lustre aux concepts d'étiquetage et de stigmatisation.

La dramatisation du mal

La première formulation de la *labeling theory* est l'œuvre de Franck Tannenbaum qui, dès 1938, évoqua le rôle de la communauté dans le déclenchement de la carrière délinquante[3]. Sa pensée fut largement influencée par les travaux de Charles Cooley[4] *(looking glass self)* puis George Herbert Mead[5] *(Me and I)* qui affirment que notre identité est influencée par l'interaction avec les autres, non pas par ce que les autres pensent de nous mais par ce que nous croyons qu'ils pensent de nous.

---

3. F. Tannenbaum, *Crime and the Community*, New York, Columbia University Press, 1938.
4. C.H. Cooley, *Human Nature and the Social Order*, New York, Sailbner's, 1902. Sa phrase la plus célèbre est : « Je ne suis pas ce que je pense que je suis, je ne suis pas ce que vous pensez que je suis, je suis ce que je pense que vous pensez que je suis. »
5. G.H. Mead (1934), *L'esprit, le soi et la société*, Paris, Puf, 1963.

Pour Tannenbaum les causes profondes de la criminalité ne sont pas à rechercher dans l'individu mais dans le fonctionnement des groupes et de la collectivité. Il décrit un processus graduel de dramatisation du mal *(dramatization of evil)* au cours duquel la communauté passe de l'idée qu'un acte est mauvais à la conviction que l'individu qui a commis cet acte est mauvais. Le processus se passerait de la façon suivante. Tout commence de manière anodine, l'enfant brise des carreaux, ennuie les gens, grimpe sur les toits, vole dans les charrettes, fait l'école buissonnière. Au fur et à mesure que ces petites nuisances se développent, la tolérance de la communauté s'affaisse et la définition de la situation se transforme. L'enfant sera progressivement étiqueté *(tagged)* comme difficile, « à problèmes », instable, et vivra désormais dans un monde différent. Tannenbaum décrit donc un processus de fabrication du délinquant par ségrégation, étiquetage et accentuation. Il en relève la perversité en observant que la réaction de la communauté renforce chez l'adolescent les caractéristiques qu'elle lui reproche. Comme Cohen l'avait analysé pour l'école, les jeunes ainsi marqués sont isolés et n'ont d'autres recours que de s'associer à ceux qui partagent la même marque. C'est ainsi que naissent les bandes d'adolescents.

Il en conclut à la nécessité de transformer le système criminel dont la logique diabolise les individus au lieu de condamner seulement leurs actes répréhensibles. Les processus d'arrestation, de jugement et de condamnation ont des conséquences dramatiques qui distordent la personnalité des individus. Ils se voient attribuer des définitions d'eux-mêmes qu'ils peuvent certes combattre mais qu'ils ont souvent tendance à intégrer. Aussi Tannenbaum se fait-il l'ardent défenseur de solutions alternatives aux sanctions punitives et de régimes de confiance comme la probation.

L'amplification secondaire de la délinquance

À partir de travaux basés sur l'usage des chèques sans provision ou sur l'alcoolisme, Edwin Lemert proposa en 1951 une théorie du comportement déviant basée sur la réaction sociale. Ce terme fait pour lui référence à la façon dont les sociétés répondent aux comportements déviants, informellement ou formellement, par l'intervention d'agents officiels du contrôle social. Pour expliquer que certains individus deviennent ou ne deviennent pas déviants, il opère une distinction entre déviance primaire et déviance secondaire.

La déviance primaire provient du fait que tout individu peut à un moment de sa vie transgresser une norme du groupe dans lequel il vit. Chacun est en effet la proie d'oscillations entre conformité et déviance, et le penchant vers cette dernière est le produit d'une grande variété de contextes sociaux, culturels, psychologiques. Cette déviance, par exemple le fait de frauder dans les transports publics, de fumer une cigarette de marijuana ou de commettre un petit vol, n'a le plus souvent que des effets marginaux sur la paix sociale ou l'équilibre psychique des personnes.

La déviance secondaire, c'est la réaction sociale, d'abord diffuse puis institutionnalisée, qui transforme le comportement déviant en un fait central dans la trajectoire des personnes. On surveillera le jeune de plus près, on l'exclura de certaines activités, on le fréquentera moins, on le soupçonnera ou on l'accusera dès que quelque chose ira mal, on le punira plus sévèrement que les autres, il parviendra à croire qu'il est différent et agira en conséquence. Lemert prend l'exemple de l'élève plein d'énergie dont le comportement indiscipliné fait l'objet de réprimandes répétées de la part du professeur. Ce dernier peut avoir, un jour, la tentation de le qualifier de mauvais garçon *(bad boy)* ou de semeur de troubles *(mischief maker)*. Or, ces qualificatifs sont susceptibles de nourrir l'hostilité et le ressentiment de l'enfant dont l'expression irritera davantage encore le professeur et justifiera ses jugements initiaux. Ce cercle vicieux poussera l'élève à répondre de plus en plus fidèlement aux définitions de lui-même proposées par l'enseignant. La déviance secondaire est donc celle qui est sanctionnée par les appareils de contrôle social. Comme ceux-ci donnent par leur intervention un statut à ce qui n'est le plus souvent qu'accidentel, le phénomène fondateur de la déviance est constitué par « les réactions de la société qui tendent à désapprouver, dégrader et isoler l'individu[6] ».

Pour Lemert, ce n'est donc pas la déviance qui conduit au contrôle social, « j'en suis arrivé à croire que l'idée inverse est également soutenable ». Pour illustrer son propos, il évoque par exemple l'échec des tribunaux pour enfants dont l'intervention, loin de résoudre les problèmes posés par la déviance des jeunes, ne fait qu'accentuer le penchant vers la délinquance.

Les techniques de neutralisation

Les entretiens réalisés par David Matza[7] auprès de jeunes en détention lui permirent de s'affranchir des constructions institutionnelles de la délinquance et de prendre connaissance du point de vue des acteurs délinquants. Il s'intéressa aux descriptions que font les jeunes de leurs infractions. Il examina les échanges qui se déroulent entre eux et les acteurs du système

6. E. Lemert, *Social Pathology : a Systematic Approach to the Theory of Sociopathic Behaviour*, New York, Mac Graw Hill, 1951.
7. D. Matza, *Delinquency and Drift*, New York, Wiley, 1964.

pénal, et observa l'existence d'un décalage dans la perception qu'ont les uns et les autres d'un même événement. L'analyse de ces conflits d'interprétation relève bien d'une perspective interactionniste.
Sa recherche amèna Matza à contester la notion de sous-culture utilisée par Cohen ou encore Cloward et Ohlin. Il leur reprocha de s'appuyer sur deux postulats erronés. Le premier stipule que les valeurs délinquantes sont différentes des valeurs non délinquantes, le second considère que le délinquant agit toujours en accord avec ces valeurs. Or, pour lui, les délinquants ne sont pas en conflit permanent avec la société. Ils glissent ou dérivent dans la délinquance par une séquence de mouvements graduels, non perçus par l'acteur comme tels. « Le délinquant existe, de façon transitoire, dans les limbes entre la convention et le crime, répondant à tour de rôle à la demande de chacun, flirtant tantôt avec l'un, tantôt avec l'autre, mais repoussant à plus tard l'engagement, évitant la décision. Ainsi le délinquant dérive entre l'action criminelle et l'action conventionnelle. »
Matza réfuta également l'idée soutenue par Cohen puis Cloward et Ohlin selon laquelle les valeurs des délinquants seraient différentes de celles des non-délinquants. Une enquête par entretiens auprès de mineurs en détention l'amena à contredire l'existence d'une sous-culture délinquante. Il remarqua que la honte et la culpabilité sont en général présentes dans le discours des délinquants. Même s'ils expriment ces sentiments de manière incongrue, ils partagent des critères communs de moralité (respect de la parole donnée, honneur, sens de la famille…). Ils éprouvent un profond respect pour les honnêtes gens (mère courageuse, personnes qui les ont aidés…) et réprouvent les malversations de ceux qui ne devraient pas en commettre (célébrités du sport ou du spectacle,

hommes politiques…). Enfin, ils n'ignorent jamais les règles de la légalité et savent parfaitement que les actes délinquants qu'ils commettent valent punition. Ils reconnaissent donc la légitimité de l'ordre social. Les jeunes détenus classent les infractions comme tout autre citoyen, désapprouvent la gratuité de certains actes, dénoncent l'immoralité ou l'injustice d'une agression (violeurs, assassins d'enfants et délateurs). Autrement dit, la culture dominante imprègne tout leur système de valeur car ils sont « encerclés » par les membres de la société adulte, « le délinquant n'est pas un étranger à la société dans laquelle il vit mais il en est le reflet dérangeant, une caricature ».
La réfutation de l'existence d'une sous-culture délinquante laisse néanmoins en suspens la question du passage à l'acte, car comment expliquer le fait de commettre des actes que la morale réprouve lorsque sur le plan du jugement moral on ne se distingue pas des « honnêtes gens » ? Sykes et Matza proposent à cela deux réponses[8]. D'un côté la délinquance s'expliquerait par des situations particulières dans lesquelles les jeunes seraient plongés. Ils insistent notamment sur ce qu'ils appellent les « situations de compagnie » qui rassemblent les jeunes et ont pour fonction de dissiper l'angoisse statutaire que connaissent les adolescents. Certaines de ces situations peuvent par suite d'un malentendu, d'une « comédie des erreurs », où chacun croit que les autres sont engagés dans la délinquance, engendrer des actes délinquants. Normalement ces situations ne perdurent pas, l'individu fonde un foyer, trouve une activité valorisante, un travail, mais si tel n'est pas le cas, alors son angoisse de statut se maintient et « il continue à

8. G. Sykes, D. Matza, « Techniques of neutralization, a theory of delinquency », *American Sociology Review*, vol. 22, 1957, p. 664-670.

dériver dans l'âge adulte ». L'autre raison qui permet d'expliquer le paradoxe entre le passage à l'acte et le conformisme moral des délinquants réside dans la mise en œuvre de techniques de neutralisation. Les délinquants élaborent de bonnes raisons pour justifier leurs actes qui suspendent provisoirement la validité d'une norme légale ou morale. Sykes et Matza en donnent cinq exemples :

– le refus de la responsabilité de ses actes (ce n'est pas de ma faute, on m'a forcé, j'étais en manque, j'avais bu, je n'ai pas pu m'en empêcher, il a attaqué le premier, c'était lui ou moi…) ;

– la minimisation du mal causé à autrui (tout le monde le fait, le préjudice est minime, cette chose n'a aucune valeur pour la victime, elle est de toute manière assez riche pour se la racheter, elle sera remboursée par les assurances…) ;

– la négation de la victime qui ne représente qu'une abstraction (elle est absente des discours ou bien apparaît sous une image dévalorisée ou encore comme quelqu'un qui a mérité son offense) ;

– la condamnation des censeurs (les jeunes disent ne pas supporter l'injustice, détestent les politiciens corrompus, les enseignants dédaigneux, les policiers racistes) ;

– la soumission à des loyautés supérieures (la priorité est donnée aux valeurs du groupe de pairs, à la solidarité de quartier et à son code de l'honneur, la nécessité de venger l'affront subi par un ami est plus forte que tout code normatif en vigueur).

L'approche de Sykes et Matza pourrait se ranger dans les théories rationalistes car elle souligne que l'apprentissage de la délinquance exige l'acquisition et la maîtrise de techniques de neutralisation permettant à des individus de violer des règles sociales à la validité desquelles ils sont pourtant attachés. Il est vrai qu'il y a dans cette attitude une forme de rationalité. Mais leur analyse des différentes représentations et stratégies des acteurs les rapproche davantage du courant interactionniste. Ce penchant devient encore plus évident quand Matza observe que la fréquence des contacts avec l'institution judiciaire provoque chez le délinquant une minimisation de la force morale de la loi, ou que l'intervention pénale a des effets criminogènes assignant une identité délinquante aux individus qu'elle sanctionne.

Le processus d'étiquetage

C'est Howard Becker, formé à l'université de Chicago, qui donna ses lettres de noblesse à la théorie de l'étiquetage, selon lui indûment baptisée *labelling theory*. Il ne se contenta pas d'analyser le passage d'une forme de déviance à une autre, comme le fait Lemert, et approfondit le sillon esquissé par Tannenbaum en se demandant à quel moment précis ce passage se réalise, dans quelles circonstances une étiquette peut être attribuée et quelles conséquences elle aura sur le statut et l'avenir de la personne désignée[9].
Pour Becker la première nécessité est de préciser ce que l'on entend par déviance car la définition des situations varie selon les individus. Son expérience de pianiste dans les bars et les boîtes à strip-tease de Chicago lui permit d'apprécier les décalages existants entre des univers de représentations qui ne communiquent pas. Le monde conventionnel méprise les musiciens mais les musiciens méprisent le monde conventionnel. Sa posture consiste alors à se distancier à la fois du point de vue de ceux « d'en haut » et du point de vue de ceux « d'en bas ».

9. H. S. Becker, *op. cit.*

La conception la plus généralement admise de la déviance est statistique : est déviant celui qui s'écarte de la moyenne. Mais elle peut être aussi présentée en termes de pathologie ou considérée comme un défaut d'obéissance aux normes du groupe. Cette dernière conception pose question car une société comporte un nombre infini de groupes et la même personne peut appartenir à plusieurs groupes. Si elle se montre insoumise aux normes d'un groupe mais accepte celles des autres groupes, peut-elle être pour autant considérée comme déviante ? On ne pourrait éviter cette objection qu'en considérant qu'il existe des normes communément admises par tous les membres d'une société. Mais Becker doute de la fréquence d'un tel consensus. Il insiste donc sur le fait que ce sont les groupes sociaux qui « créent la déviance en instituant des normes dont la transgression constitue la déviance ». De ce point de vue « la déviance n'est pas une qualité de l'acte commis par une personne, mais plutôt une conséquence de l'application, par les autres, de normes et de sanctions à un transgresseur. Le déviant est celui auquel cette étiquette a été appliquée avec succès ».

Du fait que la déviance n'est que relative, une simple conséquence des réactions d'autrui, les chercheurs ne peuvent la considérer comme une catégorie homogène susceptible d'analyse. Ils ne peuvent davantage présupposer qu'elle rassemble tous ceux qui ont transgressé une norme car certains ont pu ne pas être appréhendés. Le seul point commun à tous ceux qui sont rangés sous l'étiquette de déviant est donc qu'ils partagent cette qualification. On ne peut rien inférer de plus. La déviance n'est que « le produit d'une transaction effectuée entre un groupe social et un individu qui, aux yeux du groupe, a transgressé une norme ». Ce sont donc les « réponses des autres

[qui] doivent être considérées comme problématiques ». Ces réponses varient dans le temps et dans l'espace mais également suivant la catégorie sociale à laquelle appartient le transgresseur, car les lois s'appliquent tendanciellement à certaines personnes plus qu'à d'autres. Becker en donne plusieurs illustrations. Ainsi, lorsque les garçons des classes moyennes sont arrêtés, ils n'ont pas le même parcours judiciaire que les garçons des quartiers misérables, alors même que leurs infractions sont identiques. Par exemple, un homme noir attaquant une femme blanche risque d'être plus sévèrement puni qu'un homme blanc ayant commis le même délit. À l'inverse, l'assassin noir d'un autre Noir risque de l'être moins qu'un Blanc qui a tué un Blanc. De même, les délits commis par les grandes entreprises sont presque toujours poursuivis au civil alors que les mêmes délits commis par des individus sont traduits habituellement devant les juridictions pénales. Le caractère déviant d'un acte dépend en partie de la nature de cet acte et en partie de ce que les autres en font. La déviance n'est alors pas une propriété « du comportement lui-même, mais de l'interaction entre la personne qui commet l'acte et celles qui réagissent à cet acte ».

Comportement	*Obéissant à la norme*	*Transgressant la norme*
Perçu comme déviant	Accusé à tort	Pleinement déviant
Non perçu comme déviant	Conforme	Secrètement déviant

L'étiquetage dépend donc d'un processus interactif. Mais ce serait une erreur de considérer que ce processus est synchronique, qu'une combinaison de facteurs comme le quartier dans lequel vit l'enfant, la désunion de ses parents, ses résultats scolaires, l'appartenance à une bande, agissent simultanément pour expliquer sa délinquance. En réalité, toutes les causes n'agissent pas au même moment. Il y aurait une succession de phases, et si une cause peut jouer un rôle considérable pendant l'une des phases, elle peut n'avoir qu'une importance négligeable durant la phase suivante. Les comportements déviants doivent donc être étudiés comme des carrières qui se développent, dans un processus séquentiel, au cours d'étapes successives.

1. La première étape d'une carrière déviante consiste à commettre une transgression. La plupart du temps il n'y a pas dans cet acte une volonté délibérée, intentionnelle, de violation des normes sociales, mais le plus souvent une conformisation aux modes d'agir ou de penser les plus répandus dans le milieu de vie de l'acteur. Chercher des motivations à cet acte est souvent peu opérant car en réalité chacun de nous est confronté à de fréquentes tentations déviantes. Nous ferions mieux alors de nous demander comment procèdent ceux qui ne passent pas à l'acte. La raison est probablement à rechercher dans la série d'engagements de plus en plus nombreux que nous contractons au fil de notre vie envers les normes et les institutions. Lorsque nous réprimons une tentation déviante, c'est en pensant aux conséquences négatives qu'entraînerait le fait d'y succomber. Par contre, si le maintien d'apparences conformes aux conventions ne représente pas un enjeu, l'individu n'a pas de réputation à soutenir ou d'emploi à conserver, il est libre d'obéir à ses impulsions. Mais cette hypothèse est rare.

2. Ce qui n'était qu'une impulsion fortuite peut parfois devenir un goût durable, voire un mode de vie. C'est par un processus d'apprentissage et d'interaction avec des déviants que les individus passent d'un stade à un autre. Ce qui permet le passage de l'expérience occasionnelle à l'activité déviante est le « développement de motifs et d'intérêts déviants » qui s'acquièrent au contact des autres. Ainsi, devenir un consommateur de drogue nécessite d'abord d'apprendre au contact d'un groupe une technique car on ne « plane pas » *(to get high)* la première fois. Pour continuer à fumer il faut ensuite apprendre à percevoir les effets de la consommation, à la considérer comme source de plaisir. C'est l'interaction avec les autres fumeurs qui facilite cette prise de conscience et transforme les utilisateurs en connaisseurs. Enfin, il faut apprendre à aimer les effets de la marijuana car les sensations qu'elle procure ne sont pas automatiquement agréables (vertiges, soif, perte des repères spatio-temporels…). Pour persévérer il est donc nécessaire de redéfinir ces sensations comme agréables et cela s'opère par l'interaction avec des utilisateurs plus expérimentés. Il faut enfin neutraliser les différents types de contrôles sociaux qui pèsent sur la pratique. Compte tenu de la limitation de l'offre, il est nécessaire de pénétrer dans un réseau d'approvisionnement et pour ce faire de s'intégrer à un groupe, d'éviter d'adopter des comportements ayant une visibilité sociale et pouvant exposer aux embarras de la répression, d'élaborer des rationalisations à sa pratique qui permettent de rejeter les impératifs moraux pesant sur l'usage des drogues (cela fait du bien, en tout cas moins de mal que l'alcool, je ne suis pas dépendant et contrôle ma consommation…), de maîtriser sa pratique ou de savoir cacher les effets de la drogue de manière à éviter le rejet de ceux (parents, amis…) dont on recherche l'estime ou l'affection.

3. « Être pris et publiquement désigné comme déviant constitue probablement l'une des phases les plus cruciales du processus de formation d'un mode de comportement déviant stable. » Le seul fait d'être stigmatisé comme déviant a des conséquences considérables sur la vie sociale future de l'individu et sur l'image qu'il aura de lui-même. Le label transforme en effet son identité aux yeux des autres. « Il sera donc étiqueté comme "pédé", "drogué", "maniaque", "cinglé", et traité en conséquence. » Le statut d'une personne est composé de caractéristiques principales et accessoires. Pour Becker la déviance appartient aux caractéristiques principales et induit toute une gamme de caractéristiques accessoires. C'est ainsi que pour être qualifié de délinquant il suffit objectivement d'avoir commis un seul délit. Le terme n'indique rien de plus. Pourtant si un homme a été sanctionné pour un cambriolage, on présumera qu'il est capable de commettre d'autres infractions. C'est ce postulat qui guide les enquêtes de police. Donc un individu qui a été appréhendé pour un seul acte déviant court le risque « d'être considéré comme déviant ou indésirable sous d'autres rapports ». Ce type de réaction à la déviance revient à « énoncer une prophétie qui contribue à sa propre réalisation ».

4. Dans de telles situations il est difficile pour un individu de participer à la vie de groupes respectueux de la normativité sociale. Ainsi, le fait d'être homosexuel ne modifie pas l'aptitude d'un individu à accomplir un travail de bureau mais la réputation qui lui est faite peut l'empêcher de conserver son emploi et le conduire à dériver vers des activités professionnelles où sa déviance a moins de conséquences. En résumé « la manière dont on traite les déviants équivaut à leur refuser les moyens ordinaires d'accomplir les activités routinières de la vie quotidienne », ce qui le conduit

vers des pratiques illégales. Becker tempère toutefois les effets de ce mécanisme en considérant que toutes les prophéties ne se réalisent pas. Placé devant les conséquences de son acte pour les autres ou pour lui-même, un individu peut rebrousser chemin et revenir dans la communauté respectueuse des normes. Mais cet effort de retour à la normalité peut s'avérer vain si l'entourage continue de le traiter comme un déviant.

La dernière étape d'une carrière déviante consiste à entrer dans un groupe déviant organisé. Les personnes qui se sentent rejetées par la société conventionnelle ont tendance à se regrouper pour diminuer le poids du stigmate et parce qu'elles ont le sentiment de partager un même destin. Cette conscience de partager un monde commun et d'être confrontés aux mêmes problèmes engendre une sous-culture déviante définie comme un ensemble d'idées sur le monde et la manière de s'y adapter, et comme un ensemble d'activités routinières. L'appartenance à cette sous-culture est constitutive d'une identité déviante car, d'une part, les groupes déviants développent « un système d'autojustification (une idéologie) » qui fournit aux individus des raisons solides de se maintenir dans la ligne de conduite qui est la leur, d'autre part, on y apprend à pratiquer ses activités déviantes de la meilleure façon et avec un minimum d'ennuis, comme écouler des marchandises volées sans se faire prendre. Tout groupe possède une vaste gamme de traditions qui sont rapidement assimilées par les recrues. Ainsi pris dans un contexte institutionnel, le déviant a plus de chances qu'auparavant de poursuivre dans cette voie.

Le message de Becker peut être synthétisé en quatre dimensions. D'une part il s'attache à démystifier la déviance. Les gens ne deviennent pas délinquants pour des raisons mystérieuses mais pour des raisons identiques à celles qui motivent les activités les plus ordinaires (on est là tout proche de la position de Sutherland). D'autre part, la déviance est une activité collective dans laquelle un individu apprend à tenir un rôle en obéissant aux normes d'une sous-culture. Ensuite la déviance est l'aboutissement d'un processus d'attribution de statut dans lequel interviennent des entrepreneurs moraux (on dirait aujourd'hui des groupes d'intérêts ou des *lobbies*) capables d'influer sur le contenu des normes sociales, mais aussi les acteurs qui à leur niveau rendent effective ou non la mise en œuvre de ces normes. Enfin, le fait d'être étiqueté a des conséquences considérables sur la carrière des individus. Becker ne prétend pas qu'on devient voleur à main armée parce qu'on a été étiqueté ainsi. En revanche, une fois étiqueté il devient plus difficile pour un individu de poursuivre dans la normalité les activités ordinaires de la vie quotidienne. Il n'affirme pas que la prison transforme tous ceux qui y passent en criminels mais qu'elle réduit les chances de retrouver un statut social normal.

On reprocha à cette analyse de ne fournir aucune explication sur la propension qu'ont certains individus de transgresser les normes alors que d'autres s'en abstiennent. Des caractéristiques personnelles ou conjoncturelles que Becker ne rejette d'ailleurs pas mais sur lesquelles il n'a pas travaillé permettent probablement d'augmenter la probabilité d'une carrière déviante. D'autre part, si ses travaux attirent justement l'attention sur les effets pervers de tout phénomène d'étiquetage ils ne répondent pas à la question cruciale de savoir s'il existe de bonnes réponses sociales ou institutionnelles à la transgression. Car lorsque certains interactionnistes prônent une absence de réaction sociale sur des conduites déviantes qui auront tendance à s'estomper d'elles-mêmes, ils font l'impasse sur le fait que certaines transgressions expriment une recherche de limites, et qu'il convient alors de stopper par une réponse sociale structurante le processus de réitération ou d'escalade qui se met alors en œuvre.

Schur développa les thèses de Lemert et de Becker de façon plus criminologique et leur donna une dimension plus politique. Il formula l'idée selon laquelle quand une personne est étiquetée comme criminelle, nous réexaminons à la lumière de ce *label* les événements passés et ses comportements antérieurs. Nous les réinterprétons et nous élaborons alors une nouvelle représentation de cette personne[10]. Ce principe de l'interprétation rétrospective, pratiqué à haute dose par la justice criminelle, transforme le délinquant en un nouvel individu. Le mécanisme n'est toutefois pas automatique et dépend de « la force potentielle de l'interprétation rétrospective », de l'énergie avec laquelle l'individu étiqueté cherche à maintenir son identité antérieure, de sa propension à intérioriser le nouveau statut qui lui est attribué, à « engloutir » le nouveau rôle qu'on lui assigne *(role engulfment).*

La stigmatisation

Les travaux d'Erving Goffman se situent dans la même perspective interactionniste que ceux de Becker. Dans ses deux ouvrages, *Stigmates* et *Asiles,* il analysa les processus de fabrication de l'identité sociale tels qu'ils opèrent dans les relations de face-à-face, les interactions qui se nouent et se dénouent dans les activités routinières ou dans les logiques institutionnelles. Il

10. E.M. Schur, *Labeling Deviant Behavior : its Sociological Implications,* New York, Harper and Row, 1971.

ne s'intéressa pas à l'individu, à sa psychologie, mais seulement aux significations symboliques des actions réciproques menées par des personnes en situation de coprésence ou de communication.

Les Grecs inventèrent le terme de stigmate pour désigner les marques corporelles infligées au couteau ou au fer rouge sur le corps des criminels, des traîtres ou des esclaves. Cette marque visait à souligner le caractère détestable, impur, en tout cas inhabituel du statut moral de la personne marquée et permettait ainsi de l'éviter. Le terme s'emploie aujourd'hui de façon plus symbolique pour désigner toutes les personnes dont l'identité sociale ne correspond pas au stéréotype, à la normalité. Ainsi les personnes handicapées, les prostituées, les homosexuels, les délinquants, les malades mentaux, les Noirs…, peuvent se trouver en situation d'être stigmatisés selon les valeurs et les caractéristiques de la société dans laquelle ils vivent. Leurs statuts sont évidemment disparates mais ce qui les réunit est l'expérience qu'ils font de relations difficiles avec des personnes considérées comme normales.

L'identité sociale résulte en effet de signes extérieurs qui déterminent la façon dont on entre en relation avec autrui. Cette identité possède selon Goffman deux dimensions, une dimension virtuelle (qu'autrui nous impute sur la base de notre apparence physique, vestimentaire, langagière…) et une dimension réelle constituée par des éléments de statut social comme la classe sociale ou la profession. Toute incongruité entre ces deux identités sème un doute dans le regard d'autrui et peut aboutir à l'imposition d'un stigmate quand un individu se révèle différent de ce que nous attendons de lui, quand une de ses caractéristiques ne correspond pas aux éléments généralement attachés à son identité sociale (un boucher qui tranche sa viande en costume trois pièces au lieu de porter son traditionnel tablier blanc, un magistrat se déchaînant dans une fête quand son stéréotype fait référence à des postures de retenue et d'austérité). Par l'attribution de ce stigmate, « nous pratiquons toutes sortes de discriminations par lesquelles nous réduisons efficacement, même si c'est souvent inconscient, les chances de cette personne. Afin d'expliquer son infériorité et de justifier qu'elle représente un danger, nous bâtissons une théorie, une idéologie du stigmate, qui sert parfois à rationaliser une animosité fondée sur d'autres différences, de classe par exemple[11] ».

Mais ce processus de stigmatisation n'est pas suffisant pour engendrer la déviance. C'est le type de conséquence que ce jugement induit sur les relations sociales d'un individu qui définit sa déviance. Autrement dit, le stigmate n'agit pas de manière mécanique, il dépend de l'importance que les personnes ou les groupes rencontrés lui accordent. Il dépend également des stratégies déployées par les individus stigmatisés. Certains tenteront de corriger leur déviance et entreront dans la normalité. Mais cette opportunité n'est donnée qu'à ceux dont le stigmate est réversible. D'autres feront des efforts pour dissimuler leur stigmate. Sans changer leur comportement, ils feront en sorte d'en limiter la visibilité sociale. Ainsi, l'alcoolique ou le toxicomane peuvent adapter la fréquence et le mode de leur consommation aux exigences de leur vie sociale. D'autres encore s'efforceront de tirer bénéfice de leur stigmate. L'infirme pourra par la mendicité obtenir des bénéfices financiers, le jeune délinquant tirera des bénéfices affectifs de l'attention que lui porteront des travailleurs sociaux dévoués. Certains individus

11. E. Goffman (1963), *Stigmates. Les usages sociaux des handicaps*, Paris, Éd. de Minuit, 1975.

revendiqueront le stigmate pour transformer leur sort. Par exemple, un Noir pourra dans une société blanche revendiquer sa couleur de peau dans une logique protestataire. Ce processus d'inversion du stigmate permet de transcender une race honnie et de la transformer en une valeur identitaire positive. Enfin, d'autres pourront être totalement déterminés par le stigmate et interpréter le personnage auquel ils sont assignés. Ce dernier cas est illustré par Slomo Shoham[12] analysant l'autobiographie de l'écrivain Jean Genet. Sa mère l'abandonna au berceau. Il fut donc pris en charge par un orphelinat puis confié à une famille de paysans du Morvan. Il réalisa très tôt qu'il n'était pas comme les autres. On l'appelait Jean le bâtard et il devint le destinataire de toutes les insultes, de toutes les persécutions. Il entra alors dans un état de « prédétermination par autrui » et se soumit au portrait créé pour lui par son entourage. « Je me reconnaissais le lâche, le traître, le voleur, le pédé qu'on voyait en moi[13]. » Finalement, lui qui ne connaissait pas ses origines, trouva une identité dans ce portrait de pédéraste, de voleur, auquel il s'efforça de correspondre avec un zèle ardent. S'étant soumis à ce portrait, il espéra être enfin accepté par son groupe social. Mais tel ne fut pas le cas et il se trouva d'autant plus rejeté. Se sentant alors floué il se tourna vers un négativisme absolu qu'il ne transcenda que bien plus tard par l'écriture.

Goffman analysa également le processus d'altération de l'identité des individus dans un cadre institutionnel. Une observation participante en tant qu'assistant du directeur, menée entre 1955 et 1957 dans l'hôpital

---

12. S. Shoham, *The Mark of Caïn*, University of Queensland Press, 1982.

13. J. Genet, *Journal du voleur*, Paris, Gallimard, 1949.

psychiatrique Sainte-Elisabeth situé dans la banlieue de Washington, lui permit de décrire la manière dont les malades vivent subjectivement leurs rapports avec l'univers hospitalier[14]. Et ses conclusions alimentèrent le mouvement antipsychiatrique américain des années 1960. Il constate que la déviance n'est pas une caractéristique de la personne mais résulte de l'attribution d'une identité sociale. Il identifie dans un premier temps cinq types de ce qu'il nomme des « institutions totales » *(total institutions)* : (1) foyers pour infirmes, vieillards, orphelins ou indigents ; (2) hôpitaux psychiatriques, sanatoriums ou léproseries ; (3) établissements pénitentiaires et camps de concentration ; (4) casernes, internats, navires et camps de travail ; (5) monastères, abbayes et autres communautés religieuses. Ces différents univers présentent des caractéristiques communes et procèdent notamment à une amputation de la personnalité des individus y séjournant (isolement, cérémonies de dépouillement, dégradation de l'image de soi et profanation de la vie personnelle, perte de l'autonomie et aliénation) qui affecte de manière indélébile leur position sociale. Toutefois, un « système d'adaptations secondaires » (le repli sur soi, le défi, l'installation qui permet de cumuler toutes les satisfactions, la conversion qui se manifeste par le zèle apporté à jouer le personnage du parfait reclus), particulièrement observable dans les prisons, permet à certains d'entre eux d'obtenir des satisfactions interdites ou bien d'utiliser des moyens prohibés pour atteindre des satisfactions tolérées. Ces adaptations constituent un refuge pour leur personnalité et montrent que l'enfermement ne parvient pas toujours à réduire de manière absolue l'identité

14. E. Goffman (1961), *Asiles. Études sur la condition sociale des malades mentaux*, Paris, Éd. de Minuit, 1968.

sociale du reclus. Car « c'est lorsque l'existence se trouve réduite à un état quasi squelettique que se révèlent tous les procédés mis en œuvre par les victimes pour donner à leur vie quelque consistance ».

Évoquant la « carrière morale » des malades mentaux dans l'hôpital psychiatrique, Goffman analyse la manière dont les individus deviennent des malades au contact des personnels soignants et des autres reclus. Les psychiatres élaborent l'histoire « objective » de leur client et la consignent dans un dossier qui va fixer l'identité du malade. Or cette histoire est plus la résultante d'une construction institutionnelle que l'aboutissement d'un savoir. Du coup le traitement dispensé consiste avant tout à persuader le client qu'il est un malade mental. Mais l'observation des interactions quotidiennes entre malades et soignants montre que ces malades ne restent pas passifs et mettent en œuvre des stratégies de contestation de cette qualification. Il en déduit que le processus de stigmatisation, si puissant soit-il, ne s'adresse qu'à cette partie de l'identité du sujet qui est considérée comme anormale sans atteindre nécessairement l'ensemble de ses facettes.

Transposé sur le plan criminologique, le rôle du stigmate est double. Il possède un impact sur la genèse initiale de la délinquance lorsque des individus sont rejetés par leur environnement proche. Il explique également la reproduction des activités criminelles. Le stigmate de condamnation et les stratégies d'altération de l'identité sociale des sujets que pratiquent les institutions n'ont pas pour effet de transformer la trajectoire des individus, mais au contraire de renforcer chez eux une identité délinquante. Cette conséquence est paradoxale pour des institutions qui affichent pourtant un souci contraire de lutte contre la délinquance. Mais elle n'est toutefois pas systématique et dépend de l'intériorisation par le sujet du cliché qui lui est transmis par l'entourage ou le système qui le traite. La stigmatisation varie en effet en fonction des interactions dynamiques qui lient l'individu à son environnement, et de l'énergie qu'il déploie à sauvegarder une part de lui-même indépendante du regard social.

L'ethnométhodologie

Les ethnométhodologues ne sont pas très éloignés du point de vue interactionniste. Mais ils abordent le processus de désignation de façon moins conceptuelle en se focalisant sur sa dimension pratique. Toute infraction est pour eux la résultante d'une construction sociale dont les logiques doivent être comprises dans le cadre du travail quotidien de l'activité répressive. Tandis que les interactionnistes estiment que cette construction est le produit de la définition subjective que donnent les acteurs de la réalité, pour les ethnométhodologues elle est l'aboutissement des formes de raisonnement pratique qu'ils mettent en œuvre. Le monde ne se construit pas de façon cérébrale mais il est le produit d'activités ordinaires, standardisées, cohérentes « réalisées avec des moyens ingénieux, connus et allant de soi ». L'ethnométhodologie a pour projet de révéler l'intérêt des pratiques ordinaires, apparemment banales mais qui expriment les compétences, les savoir-faire, les capacités des membres de la société. Dès lors, il ne s'agit pas de critiquer la manière dont s'opèrent les choses mais d'en rendre compte, d'en analyser les modalités.

Selon Harold Garfinkel le postulat de la sociologie n'est pas, comme le disait Durkheim, de « traiter les faits sociaux comme des choses » mais de les considérer « comme des accomplissements pratiques[15] », produits de l'activité continuelle des humains. La réalité sociale étant créée par les acteurs, il faut prêter attention à la façon dont ils prennent leurs décisions, dont ils interprètent cette réalité dans un bricolage permanent. Le cœur de la recherche, ce sont donc les méthodologies employées par les membres ordinaires de la société dans le cours de leurs activités quotidiennes. Car ces membres ne sont pas des « idiots culturels » comme le dit Garfinkel, ils disposent d'un savoir de sens commun sur leur société. Ainsi, en enregistrant les débats entre des jurés dans le cadre d'un procès criminel, Garfinkel constate que, n'ayant pourtant reçu aucune formation juridique, ils sont très consciencieux, cherchent à être juste, à éviter toute forme d'arbitraire. Ils possèdent des méthodes de délibération qui leur permettent de mobiliser une forme de compétence pour juger des affaires judiciaires. Ces méthodes proviennent de la connaissance qu'ils ont de la vie quotidienne de leur société. Ce sont des ethnométhodes en ce sens qu'elles ne sont pas universelles mais le plus souvent spécifiques à un territoire, particulières à un milieu et ne sont guère accessibles à un « étranger ».

Aaron Cicourel, à partir d'une étude qu'il réalisa pendant quatre années dans deux villes californiennes, donna une illustration particulièrement éclairante de ce mécanisme de construction sociale[16]. Il observa tout d'abord que les taux de criminalité dans les deux villes étaient sensiblement différents alors que leurs

15. H. Garfinkel, *Studies in Ethnomethodology*, Englewood Cliffs, Prentice Hall, 1967. Pour une introduction en français à cette approche, voir A. Coulon, *L'ethnométhodologie*, Puf, coll. « Que sais-je ? », 1987.
16. A. Cicourel, *The Social Organization of Juvenile Justice*, New York, Wiley, 1968.

caractéristiques sociodémographiques étaient similaires. En étudiant le mode de construction des statistiques de délinquance qui dépend de la façon dont la police « interprète les appels téléphoniques reçus, comment elle assigne ses hommes, déchiffre les plaintes et routinise ses rapports », en analysant les jeux de pouvoir entre la mairie, la police et la justice, les politiques mises en œuvre par les travailleurs sociaux, il parvint à la conclusion que la disparité des taux de délinquance juvénile entre les deux villes dépendait des modalités de l'organisation répressive. Il montra alors « comment les décisions d'arrêter quelqu'un se prennent, comment les conditions d'une arrestation sont relatées par la police, comment la police décide de poursuivre la personne arrêtée, comment le juge des enfants décide une incrimination, comment il négocie une relation de confiance avec le jeune ». Il analysa donc la façon dont la police, les juges et les travailleurs sociaux transforment les actes des jeunes en rapports et en documents qui sont ensuite utilisés comme des évidences pour caractériser les individus. Les méthodes utilisées par les professionnels présentent les caractéristiques suivantes :

– on reconnaît un délinquant en ayant recours à des interprétations préformées, à des préjugés. La police procède à des contrôles à partir de critères stéréotypés comme la tenue vestimentaire, la manière de parler, les signes d'anxiété, l'attitude vis-à-vis des forces de police, le lieu et les circonstances de l'infraction ;

– l'évaluation de la culpabilité est plus fondée sur une logique d'anticipation que sur des preuves matérielles. La connaissance pratique capitalisée par les policiers les conduit à considérer certains indicateurs comme significatifs. L'appartenance à un milieu réputé délinquant, le contexte familial, le niveau de

formation, constitueront des indices objectivés par la police dans l'écriture de son rapport ;
– ces données dès lors considérées comme objectives vont faire l'objet de multiples transformations. « À mesure que le dossier remonte dans l'appareil judiciaire […] chaque étape du processus de décision légale transforme les objets ou les événements (comme dans le cas de la transmission d'une rumeur) […] de telle sorte que les contingences, la situation dans laquelle les acteurs interprètent ce qui se passe, le type de théorisation ou de raisonnement employé, sont progressivement modifiés, éliminés et réifiés. À chacune de ces étapes les différents participants prélèvent dans le lot des faits disponibles ou des interprétations avancées au sujet des mobiles et des intentions (du délinquant), des propositions auxquelles ils accordent un statut de fait. »

Dans cette chaîne pénale chaque acteur procède à un raisonnement pratique pour décrire les faits, les interpréter et élaborer des arguments en faveur d'un type de décision. Du coup la qualification d'un acte en infraction ne dépend pas de la nature de l'acte commis mais de l'activité pratique par laquelle on accumule des informations et des interprétations sur la personne et la situation. Il ne dépend pas d'une conception morale de l'action mais d'un type d'organisation du travail, de la distribution des pouvoirs, des conditions matérielles du travail, des connaissances pratiques qui orientent la façon de classer les individus, d'objectiver les événements, d'interpréter les faits. En définitive « un délinquant est un produit émergent, transformé dans le temps par une série de rencontres, de rapports écrits et oraux, de lectures prospectives et rétrospectives de “ce qui s'est passé”, et des circonstances pratiques dans lesquelles le cas survient dans le cours quotidien des affaires judiciaires ».

Cicourel cite divers exemples montrant que la délinquance n'est pas un « type social naturel » mais le produit d'une négociation sociale. Ainsi le cas d'Audrey, jeune Noire de 15 ans ayant commis plusieurs vols au détriment de ses camarades de classe. Les observations montrent qu'elle n'a pas le profil habituel des délinquantes. La famille appartient à la classe moyenne et habite une maison « bien tenue ». Audrey est qualifiée d'attirante, sympathique, respectueuse, ni antisociale ni psychotique. Seule ombre au tableau, la police fait observer que les parents n'exercent aucune surveillance sur elle et mentionne qu'elle a eu des rapports sexuels avec au moins deux garçons. Elle devient alors candidate aux interprétations cliniques. Et, de fait, un rapport psychiatrique suggère qu'elle est émotionnellement perturbée. Elle est alors placée dans un établissement de soins pendant quatre-vingt-dix jours puis fait l'objet d'un placement familial. Ses comportements futurs seront désormais interprétés par la police ou les travailleurs sociaux à partir de cette étiquette initiale. Ainsi, une insignifiante bagarre d'école dans laquelle Audrey est mêlée pour défendre une amie est utilisée pour confirmer le diagnostic social et psychologique initial.

Ce cas montre que les policiers et les juges font leur travail avec des « attentes d'arrière-plan » qui leur permettent de décider ce qui est normal et ce qui ne l'est pas, de distinguer une bonne d'une mauvaise famille, d'orienter une affaire vers le système pénal ou vers d'autres modes de régulation. On peut penser qu'un contexte familial plus dégradé, un comportement plus rebelle d'Audrey face aux figures de l'autorité, auraient induit le choix d'un traitement pénal. Le délinquant n'est donc pas un « type social naturel » mais le produit d'une négociation sociale.

Jérôme Skolnick[17] illustra ce processus de construction sociale en analysant le travail policier. Il montra qu'à côté de sa mission officielle qui est de maintenir l'ordre public, la police est aussi largement préoccupée par le souci de donner des preuves d'efficacité. L'objectif de son activité routinière n'est pas autant qu'on pourrait le penser de rechercher la vérité et de procéder à des arrestations. Il obéit à diverses logiques internes. Par exemple, le souci d'éviter les embarras de procédure conduit parfois la police à « ficeler » ou à « charger » les affaires de telle manière que le dossier comporte des preuves irréfutables de culpabilité ; la recherche de l'élucidation d'affaires à haute visibilité sociale l'amène à fermer les yeux sur les activités délinquantes d'individus qui acceptent en contrepartie de jouer le rôle d'indicateurs ; la poursuite d'intérêts de carrière pousse les policiers à s'investir dans les affaires dont la rentabilité administrative ou hiérarchique est la meilleure.

Il a été reproché aux ethnométhodologues de faire preuve d'un subjectivisme excessif évacuant toute référence conceptuelle et théorique. Il éluderait la dimension politique, idéologique et institutionnelle des jeux de pouvoir qui déterminent les accomplissements pratiques et les initiatives individuelles observés. En réalité, si cette dimension macrosociale n'est pas explicitement analysée, c'est parce que les institutions ne sont pas ici considérées comme un univers stable et prédéterminé de règles ayant un effet prédictif et contraignant sur les conduites sociales, mais comme la résultante d'un processus permanent de construction et d'ajustement entre les différents acteurs et logiques en présence.

---

17. J. Skolnick, *Justice Without Trial*, New York, Wiley, 1966.

5
Les théories de la domination

Il fut reproché aux perspectives interactionnistes et ethnométhodologiques d'éluder les dimensions économiques et idéologiques du conflit pénal. Ce courant critique, né dans les années 1970, considéra que les théories de la réaction sociale n'avaient pas su développer une vision cohérente de la déviance qui tienne compte de la structure du pouvoir et de la nature inégalitaire des relations sociales. Comme le dirent les Anglais Taylor, Walton et Young, beaucoup de conduites déviantes, depuis celles de l'espion industriel jusqu'aux provocations du militant noir, ne seraient pas explicables par la perspective interactionniste, faute d'une contextualisation historique et politique des contraintes structurelles globales qui affectent les acteurs. La sociologie de la vie quotidienne, pratiquée par les ethnométhodologues, oublierait de prendre en considération « les visions du monde et les idéologies qui constituent le ciment des comportements nécessaires au maintien du système social[1] ». Du coup le noyau central de la réflexion criminologique passa de la réaction sociale et de ses

1. I. Taylor, P. Walton, J. Young, *The New Criminology. For a Social Theory of Deviance*, London, Routledge and Kegan Paul, 1973.

mécanismes de marquage à l'analyse des processus d'incrimination.

Ces « nouveaux criminologues » furent inspirés par la sociologie du conflit, la sociologie néo-marxiste, marqués par les mouvements radicaux des années 1960 (luttes raciales ou féministes, questions suscitées par la guerre du Vietnam, événements de Prague en 1968, révoltes libertaires de la jeunesse occidentale) ou enfin par les penseurs de la postmodernité. Ils porteront l'étendard d'une criminologie militante qui conçoit le crime et la délinquance comme la résultante d'un rapport politique ou économique de domination, et poursuit un objectif de transformation des rapports politiques et sociaux vers plus d'égalité et de justice.

La criminologie critique

Les *sociologues du conflit* s'opposèrent à la vision durkheimienne, qui percevait dans le conflit un dysfonctionnement menaçant la cohésion sociale. Dans la lignée de Simmel, Lewis Coser lui attribua des fonctions sociales positives et le considéra comme constitutif de l'ordre social[2]. La société est divisée en divers groupes politiques, sociaux, économiques, antagonistes, en compétition les uns avec les autres, chacun poursuivant ses propres intérêts et luttant pour exercer un contrôle sur leur environnement. Ces conflits peuvent être extrêmement divers, d'argent, de culture, d'idéologie, de moralité, de religion, de race, et les conflits pénaux traversent plusieurs de ces dimensions. En paraphrasant Pierre Bourdieu[3],

---

2. L.A. Coser, *Les fonctions sociales du conflit,* Paris, Puf, 1982.
3. P. Bourdieu, « La force du droit, éléments pour une sociologie du champ juridique », *Actes de la recherche en sciences sociales,* n° 64, 1986, septembre, p. 40-44.

beaucoup de criminologues diront que le contenu des lois n'est pas l'expression de la volonté générale mais la résultante du rapport de forces qui oppose les diverses classes sociales pour conquérir le pouvoir de dire le droit. La loi ne s'appuierait pas, comme l'affirment les juristes positivistes, sur un consensus social, mais refléterait les intérêts et les valeurs des groupes qui ont le pouvoir d'influer sur le processus d'incrimination. Elle n'exprimerait que les normes du groupe conjoncturellement hégémonique. Le droit pénal, en particulier, serait un instrument politique mis en place par la classe dominante pour maintenir l'ordre économique et social existant et criminaliser ceux dont le comportement est différent du sien, et tout spécialement ceux qui menacent sa position de domination. Le contrôle du crime, assuré par des institutions administrées par une élite dirigeante, serait organisé pour protéger les intérêts de la classe dominante. Dès lors, la criminalité ne serait qu'une réalité sociale créée[4].

L'école de Francfort, inspirée par le marxisme mais désireuse d'en adapter les dogmes aux évolutions sociales, politiques et technologiques du XXe siècle, servit de terreau à l'émergence d'un courant criminologique qualifié de « néo-marxiste ». D'une manière moins économiste, il reprit le flambeau des travaux du criminologue hollandais Willem Bonger[5] pour lequel le capitalisme est criminogène. La brutalité des conditions sociales qu'il instaure, les valeurs d'avarice, d'individualisme qu'il porte et les inégalités qu'il engendre sont la cause de l'explosion des conduites criminelles.

---

4. A. Turk, *Criminality and the Legal Order*, Chicago, Rand Mc Nally, 1969.
5. W.A. Bonger, *Criminalité et conditions économiques*, Amsterdam, G.P. Tierie, 1905.

Les pauvres qui vivent dans des conditions misérables commettent des actes criminels par besoin ou par l'effet du sentiment d'injustice qu'ils éprouvent. Les puissants protègent leurs intérêts financiers par le contrôle qu'ils exercent sur la définition du crime et les sanctions attachées à sa commission. Bien que riches et pauvres se livrent à des vols, seuls ceux perpétrés par les pauvres sont mis en lumière. Ceci accroît le sentiment d'aliénation qu'ils éprouvent et augmente la criminalité. Rusche et Kirchheimer[6] influencèrent aussi le courant néo-marxiste. Dépassant le constat commun d'un lien entre pauvreté et criminalité, ils centrèrent leur analyse sur l'existence d'une corrélation entre l'évolution du marché du travail et le régime des peines. De la même façon que la part du travail obligatoire (travail forcé et manufacture) diminua avec les mutations de l'économie marchande, le recours aux peines d'emprisonnement augmenta avec la progression du chômage. Reprenant le sillon creusé par ces auteurs, les criminologues néo-marxistes affirmèrent que dans nos sociétés une petite part de la population (la bourgeoisie) détient la plus grande part de la richesse tandis que le prolétariat doit se contenter des maigres fruits de son travail. C'est donc la structure sociale qui est criminogène. Les inégalités dans la distribution de la richesse constituent les racines du crime. Dans un tel contexte, Richard Quinney nous explique que la loi pénale protège les intérêts des puissances économiques et garantit la reproduction du système[7]. Il distingue quatre crimes caractéristiques de la domination du capitalisme. Les crimes de contrôle

6. G. Rusche, O. Kirshheimer (1939), *Peine et structure sociale. Histoire et « théorie critique » du régime pénal*, Paris, Cerf, 1994.

7. R. Quinney, *The Social Reality of Crime*, Boston, Little, Brown and Co, 1970 ; *Critique of Legal Order*, Boston, Little, Brown and Co, 1974.

(renforcement des lois portant atteinte aux libertés civiles), les crimes de gouvernement (crimes du personnel politique réprimant la dissidence interne et menaçant les gouvernements étrangers), les crimes de domination économique (ceux qui favorisent l'accumulation du capital et la survie du capitalisme tels que la détermination illégale des prix, la pollution environnementale), et les crimes sociaux (déni des droits humains telles les discriminations de genre, de classe, de race et l'exploitation des travailleurs). De son point de vue les organisations et les entreprises, dans le but de maximiser leurs profits et de minimiser leurs coûts, violent régulièrement les lois protégeant l'environnement, le travail, la santé et la sécurité, et augmentent les risques de mort, de blessures ou de maladies des citoyens. Elles sont indifférentes aux blessures et aux morts qu'elles causent, préférant payer les dommages plutôt que d'améliorer les conditions de travail. La loi pénale n'est essentiellement appliquée qu'aux membres de la classe dominée et quand, par exception, elle concerne des éléments de la classe dominante, c'est pour renforcer le mythe de sa neutralité. La condamnation pénale de certains représentants de l'élite accréditerait l'idée que la loi est la même pour tous et que les réponses judiciaires sont impartiales. Mais en réalité, le plus souvent, les puissances économiques parviennent à détourner l'attention des crimes qu'elles commettent en déviant l'intérêt de l'opinion publique sur les comportements des classes populaires[8]. Graham montra par exemple[9] comment l'industrie pharmaceutique américaine mit tout en

8. S. Spitzer, « Toward a marxian theory of deviance », *Social Problems*, 22 (5), 1975, p. 638-651 ; W.J. Chambliss, « Toward a political economy of crime », *Theory and Society*, 2, 1975, p. 149-170.
9. J.M. Graham, « Amphetamine politics on capitol hill », dans W.J. Chambliss et M.L. Mankoff, *Whose Law ? What Order ? A Conflict Approach to Criminology*, New York, Wiley, 1976.

œuvre pour empêcher la criminalisation de certains de ses produits (amphétamines, librium, valium) au moment de l'élaboration du Drug abuse prevention and control act de 1970. Gunningham[10] démasqua le poids des lobbies industriels sur le contenu des lois sur l'environnement promulguées en Angleterre entre 1956 et 1968. Dans cette perspective, la criminalité ne doit donc pas être abordée en termes de comportements sains ou pathologiques mais comme l'effet logique d'un système de production. Le lien entre sphères politiques et économiques est attesté par une observation participante réalisée par Chambliss dans les milieux du crime organisé de Seattle[11]. Pour lui la corruption ne repose pas, comme on le dit souvent, sur les seules mafias mais sur un système de relations interdépendantes entre organisations criminelles, élus, fonctionnaires et hommes d'affaires.

Enfin une *approche radicale*, plus libertaire, naquit sur le campus de Berkeley en 1966 et se diffusa en Europe dans les années 1970. Elle assembla, au prix d'un bricolage astucieux, des ingrédients tirés de l'interactionnisme, du constructionnisme et du néo-marxisme. Elle reprochait aux marxistes de réduire aux conflits de travail leur analyse des situations d'exploitation et d'éluder de nombreux autres indicateurs comme le genre, la race ou l'ethnicité. Ainsi, sans nier la part des inégalités économiques, les féministes mirent en cause la structure patriarcale de la société qui légitime la violence masculine contre les femmes et renforce la double oppression

10. N. Gunningham, *Pollution, Social Interest and the Law,* London, Martin Robertson, 1974.

11. W.J. Chambliss, « Vice, corruption, bureaucracy and power », dans W.J. Chambliss (sous la direction de), *Sociological Readings in the Conflict Perspective,* p. 353-378, Reading, Mass., Addison-Wesley, 1973.

dont elles sont victimes, au travail et dans leur foyer. Les radicaux dénoncèrent le caractère bureaucratique et antidémocratique des institutions qui entrave la capacité des individus à communiquer et à coopérer. Ainsi, leur fonctionnement et les méfaits de l'emprisonnement produisent la délinquance au lieu de la combattre. Les logiques pénales renforcent les inégalités qui pèsent sur les populations les plus vulnérables et font preuve de la plus grande mansuétude à l'égard de la criminalité en col blanc. Dans cette optique la transgression est souvent conçue, non sans quelque romantisme, comme un acte politique par lequel le délinquant exprime son refus d'une organisation sociale capitaliste inégalitaire.

Pour y voir plus clair, dans ce champ luxuriant de recherches, on peut schématiser de la façon suivante les caractéristiques principales de cette criminologie critique :

– elle se distingue des courants criminologiques précédents par son engagement politique explicite, sa contestation de l'ordre établi au nom d'un idéal de justice sociale, son souci de dénoncer tous les mécanismes de domination et de venir au secours des groupes sociaux les plus humiliés et marginalisés (les femmes, les enfants, les pauvres, les Noirs, les étrangers, les travailleurs, les prisonniers, les malades…) ;

– elle déconstruit les concepts de crime, de criminalité et de criminel. Le crime est défini par des institutions politiques défendant des valeurs et des intérêts particuliers, la criminalité n'est qu'un artefact car les statistiques criminelles ne donnent pas une image de la criminalité mais traduisent seulement l'activité des agences répressives, le criminel n'est pas le stéréotype de l'homme jeune, pauvre et plus que proportionnellement non blanc, que l'on met généralement en

exergue, mais se rencontre à tous les âges, dans toutes les races et les classes sociales ;
– elle pratique le déshabillage systématisé des politiques publiques d'ordre mises en œuvre par les gouvernements. Ainsi, par exemple, Stanley Cohen décortiqua la construction politique d'une panique morale dans l'Angleterre des années 1960 autour des affrontements entre *mods* et *rockers*[12]. Il mit au jour la fabrication récurrente par les pouvoirs politiques et médiatiques de « démons populaires » *(folk devils)*, symboles et réceptacles de tout ce qui inquiète la population. Il décrivit un jeu de moralité publique *(morality play)*, orchestré par les entrepreneurs politiques, les médias et les forces de police, mettant en scène bons et méchants, afin de réaffirmer et de renforcer les valeurs morales dominantes ;
– elle dévoile le fonctionnement des institutions. Jeffrey Reiman formula à ce propos la théorie de la défaite à la Pyrrhus *(Pyrrhic defeat theory)*, selon laquelle l'objectif du système pénal n'est pas d'éliminer la criminalité ou de nourrir un quelconque idéal de justice mais de projeter à la population une image du danger que représentent les pauvres. C'est la raison pour laquelle le système semble conçu pour échouer et reproduire cette délinquance, dont la fonction est de masquer les vrais dangers sociaux que représentent les crimes des puissants[13]. Dans cette ligne, un criminologue hollandais, Louk Hulsman, plaidera avec passion pour l'abolition du système pénal[14]. Ce dernier, dit-il, est principalement tendu

---

12. S. Cohen, *Folks Devil and Moral Panics. The Creation of the Mods and Rockers*, Oxford, Martin Robertson, 1972.
13. J. Reiman, *The Rich get Richer and the Poor get Prison : Ideology, Crime and Criminal Justice*, Boston, Allyn and Bacon, 1979.
14. L. Hulsman, J. Bernat De Celis, *Peines perdues. Le système pénal en question*, Paris, Le Centurion, 1982.

vers des objectifs internes d'équilibre, de survie, et non vers la recherche du bien-être des gens. La machine pénale fabrique des coupables selon une logique manichéenne, les stigmatise et les conduit ainsi à vivre en marge de la société conventionnelle. Quand il s'empare d'une affaire, ce système écarte les victimes, renforce les inégalités sociales. Il constitue donc « un mal social ». Il n'est pas la solution mais le problème. Hulsman proposa, pour échapper au langage et à la logique judiciaire, de remplacer le terme d'infraction par celui de *situation problème.* Comme il est vain d'attendre que l'institution pénale supprime la criminalité, il faut chercher en dehors de l'État des solutions autres partout « où les gens se connaissent, se rencontrent, peuvent se grouper, réfléchir ensemble ». Pour ce faire il recommande le développement des processus conciliatoires que pratiquent massivement les puissants. Si le système pénal est de fait aboli pour eux il faut qu'il le soit aussi pour tous. Si l'appareil judiciaire doit entrer en jeu, faute d'un contexte social adéquat, il doit le faire sur le mode civil dans une approche compensatoire. Cette position fit école mais sous une forme moins extrême, nourrissant un courant de pensée « réductionniste » car il n'envisage l'intervention de l'appareil répressif qu'en dernier recours, pour les cas les plus graves ou quand tous les autres moyens de régulation des conflits ont échoué ;

– l'appel à un allègement pénal se traduisit par une demande de réduction des pouvoirs policiers et par une ardente promotion des peines alternatives à l'emprisonnement. Mais cette dernière revendication fut contestée car elle participerait d'une extension du filet pénal *(net widening)*, dans la mesure où les peines dites « alternatives » ne le sont pas, qu'elles « mordent » en réalité sur la liberté et non pas sur l'incarcération.

Ainsi, Michel Foucault dénonça le lent remplacement de la loi par la norme, le quadrillage normalisateur organisé par les sociétés postindustrielles, le passage d'une justice inquisitoire en robe noire à une « justice examinatoire [...] en blouse blanche[15] ». Pierre Lascoumes parla, dans cette perspective, d'une cancérisation du contrôle social qui, sans jamais diminuer la part de la prison dans le dispositif répressif, malgré les critiques récurrentes dont elle fait l'objet, développe des mesures de milieu ouvert toujours plus sophistiquées afin de surveiller un nombre de plus en plus important de marginaux ou d'inadaptés[16] ;

– la criminologie critique dénonça également la disparité des mécanismes de sélection et des sentences pénales selon la classe sociale des justiciables[17] et l'impact différentiel de l'appareil répressif sur leur avenir[18]. Mais contrairement à ceux qui firent peser cette inégalité sur la subjectivité des juges, le propos du courant critique fut d'en attribuer la cause aux idéologies professionnelles, aux stéréotypes, aux contraintes structurelles du système et à son caractère de classe.

La criminologie postmoderne

Les évolutions du contexte sociopolitique (crise de l'État providence, nouveaux enjeux de la complexité dus à la libre circulation des personnes, des capitaux,

---

15. M. Foucault, *Surveiller et punir. Naissance de la prison*, Paris, Gallimard, 1975.
16. P. Lascoumes, *Prévention et contrôle social. Les contradictions du travail social*, Genève, Masson, 1977.
17. Sur ce point voir N. Herpin, *L'application de la loi : deux poids, deux mesures*, Paris, Le Seuil, 1977.
18. A.P. Pires, P. Landreville, V. Blankevoort, « Système pénal et trajectoire sociale », *Déviance et société*, n° 4, 1981, p. 319-345.

des images, des idées, puissance de la doxa néolibérale, activisme pénal des partis conservateurs au pouvoir...) et la mutation des intérêts académiques qui se focalisent désormais moins sur le système pénal que sur les problèmes sociaux (genre, race, immigration, drogue, crime organisé, corruption, écologie, sécurité, victimes...), ont engendré une nouvelle criminologie critique. Elle se réfère moins au marxisme qu'aux théoriciens de la postmodernité qui font le constat du déclin de la rationalité et des méta-raisons (idéologiques et religieuses) dans la gouvernance d'un monde désormais de plus en plus fragmenté sur le plan social et identitaire. Il est impossible de donner la liste des auteurs qui exercèrent une influence sur ces « nouveaux criminologues ». Dans une optique qui sied bien à leur postmodernité, chacun d'entre eux a ses propres références. Mais du pot commun de leurs travaux on peut cependant retenir Luhmann et le caractère autoréférentiel des systèmes, Habermas et la rationalité communicationnelle, Honneth et les politiques de reconnaissance, Bauman et la société liquide, Lyotard et les pensées totalisantes, Derrida et la déconstruction du langage, Baudrillard et les processus d'aliénation consuméristes et médiatiques, Debord et la société du spectacle, Bourdieu et les mécanismes de reproduction sociale, Deleuze et la fécondité du désordre, Castel et le psychanalysme[19]. Ces diverses sources d'inspiration accouchèrent dans le champ criminologique d'une pensée multiforme débordant largement le cadre de l'institution judiciaire ou de la criminalité, pour se consacrer à l'analyse de toutes les procédures de gestion de la déviance et

---

19. R.C. Schehr, D. Milovanovic, B.A Arrigo, *The French Connection in Criminology. Rediscovering Crime, Law and Social Change,* State University of New York Press, 2005.

des mécanismes de domination sociale. Au cours des années 1990, au moins six courants de pensée se dégagèrent d'une production ample et soutenue.

– La *new left criminology* propose « de prendre le crime au sérieux » en cessant de considérer, comme l'a fait la criminologie critique « idéaliste », qu'il est une simple construction politique et médiatique. Le refus de prendre en considération les méfaits commis par les membres de la classe ouvrière a fait le lit des idéologies conservatrices répressives et discrédité l'expertise des criminologues sur les questions de sécurité. Les principes de base de ce réalisme de gauche sont les suivants :

1. Il considère la criminalité de la classe ouvrière comme un problème sérieux pour la classe ouvrière.
2. Son approche doit être basée sur quatre variables en interaction permanente que sont l'État, la société civile, les auteurs et les victimes[20].
3. La pauvreté crée du mécontentement et l'absence de réponse politique à ce mécontentement conduit au crime.
4. Il est impératif de comprendre le contexte dans lequel les crimes se produisent par des enquêtes locales sur la victimation, la peur du crime, les violences faites aux femmes, les perceptions de la police par le public.
5. Le contrôle de la criminalité doit être adapté à la nature du crime : stratégies à court terme pour rassurer les peurs de la communauté et concurrencer les discours populistes de droite, prévention dissuasive par une présence continue de la police dans la vie des quartiers, stratégies d'intégration sociale et économique des jeunes, contrôle communautaire de la police,

---

20. J. Young, « The failure of criminology : the need for a realism », dans R. Matthews, J. Young (sous la direction de), *Confronting Crime*, London, Sage, 1986.

participation des citoyens à l'élaboration des politiques de prévention.

– La *green criminology* s'est développée dans le sillage des analyses d'Ulrich Beck[21]. Il démontre que les sociétés industrielles ont créé, du fait de l'activité des hommes, de nouveaux risques qui étaient auparavant inconnus et qui mettent en péril les vies humaines et la survie de la planète. Les criminologues qui analysent ces risques poursuivent plusieurs objectifs[22]. Ils veulent d'abord dénoncer les « crimes verts » sous toutes leurs formes, les crimes dits « primaires » qui détruisent ou dégradent l'environnement (pollution de l'air, de l'eau, déforestation, disparition d'espèces végétales ou animales) et les crimes dits « secondaires », dépendants des premiers, comme les violences exercées par les États contre les groupes écologiques d'opposants. En second lieu ils militent, après en avoir démontré la nocivité, pour l'incrimination (dans les conventions internationales ou les lois nationales) de toutes les conduites préjudiciables à l'environnement et ils en analysent l'effectivité sachant que la nature des rapports de force économiques et politiques, ainsi que les difficultés de procédures et de preuve, en entravent la mise en œuvre. La troisième démarche de ces criminologues consiste à relier ces crimes avec les inégalités sociales. Car ce sont les écosystèmes des pays pauvres et des lieux où vivent les populations les plus fragiles qui sont les plus menacés par les grandes manœuvres d'un capitalisme sans régulation. Enfin, ils observent le rôle et la stratégie des mouvements

21. U. Beck (1986), *La société du risque. Sur la voie d'une autre modernité*, Paris, Éd. Aubier, 2001.

22. S. Edwards, T. Edwards, C. Fields (sous la direction de), *Environmental Crime and Criminality. Theoretical and Practical Issues*, New York, Garland, 1996.

sociaux écologistes (de type Greenpeace) engagés dans la lutte pour la préservation du globe.

– La *critical feminist theory* trouve ses racines dans les travaux féministes des années 1970 et 1980 dénonçant l'hégémonie d'une conception masculine du crime et du système pénal. La criminologie traditionnelle, en effet, présenterait une image naturalisée de la différence des sexes et consacrerait une approche individualisée et psychologisée de la criminalité féminine. Il est donc nécessaire de développer une criminologie du point de vue des femmes. Plusieurs courants (libéral, radical, marxiste, socialiste) se rejoignent pour dénoncer les discriminations de genre, des violences domestiques et sexuelles, l'oppression dont sont victimes les femmes du fait du système capitaliste et des inégalités qu'il engendre ou de l'aliénation que le système patriarcal impose dans la définition des rôles masculin et féminin. La dimension postmoderne des travaux féministes s'affirme dans la formulation de deux principes :

– le pouvoir ne s'exerce pas seulement par une coercition directe mais aussi par la façon dont le langage façonne et restreint notre réalité. Ainsi, l'image des femmes est construite par des manières plus ou moins visibles et stéréotypées de parler d'elles qui déterminent leurs rôles. Cependant, parce que le langage est toujours ouvert à la réinterprétation, il peut aussi être utilisé pour résister à cette construction et devenir l'arme d'un combat politique ;

– le sexe n'est pas quelque chose de naturel ni de parfaitement définissable. Il fait partie d'un système de signification établi par le langage. Pat Carlen affirme que « la femme criminelle n'existe pas[23] ».

23. P. Carlen, *Women, Crime and Poverty*, Milton Keynes, Open University Press, 1988.

Elle suggère par là, à partir d'un corpus de récits de vie de femmes incarcérées, de dépasser la catégorie femme qui homogénéise artificiellement l'existence de groupes de femmes multiples appartenant à des classes différentes et dès lors confrontées à des réalités sociales différentes. Il faut penser la multidimensionnalité des rapports sociaux de sexe, de race et de classe pour mesurer, par exemple, les inégalités entre les femmes devant la justice[24]. On retrouve cette idée dans les théories *queer* qui contestent l'idée d'un genre et considèrent que la personnalité se construit à partir d'actes, de comportements, d'expériences sociales, que l'identité se fonde non pas sur l'appartenance sexuelle mais sur des pratiques vécues. Dès lors, toute tentative d'interprétation criminologique qui se fonderait sur la différence des sexes est compromise, alors même que les catégories de masculin et de féminin sont subverties par la multiplicité des aventures humaines et sociales.

– Les criminologues se rassemblant sous la bannière informelle de la *peacemaking criminology*[25] voient le crime comme une violence parmi d'autres que sont la guerre, le racisme ou le sexisme et qui contribuent de la même façon à la souffrance humaine. Ils déplorent que le système pénal soit dominé par le modèle de la guerre et non par celui de la paix. Influencés par des courants aussi divers que l'humanisme, le christianisme social, la théologie de la libération, l'abolitionnisme pénal, le féminisme et le marxisme, leur philosophie se structure autour des principes suivants :

---

24. K. Daly, *Gender, Crime and Punishment*, New Haven/London, Yale University Press, 1994.
25. H.E Pepinsky, R. Quinney, *Criminology as Peacemaking*, Bloomington, Indiana University Press, 1991.

– le crime est une souffrance et ne peut être éradiqué par une violence mimétique de la part de l'État mais par la production de la paix ;

– la réduction du crime va de pair avec celle de la pauvreté, du racisme, du sexisme, de toutes les formes d'aliénation, et avec la recherche de l'égalité et du respect. Pour ce faire il faut changer les structures sociales, économiques et politiques et développer la justice sociale ;

– le système de justice pénale est un échec parce qu'il est fondé sur la violence et l'oppression comme le montrent l'imposition de la peine de mort et l'usage massif de la prison aux États-Unis. Les discours criminologiques eux-mêmes sont violents quand ils déclarent la guerre au crime ou à la drogue ;

– la criminologie non violente rejette les mesures répressives et adopte des stratégies humanistes, progressistes, basées sur l'implication des protagonistes et de la communauté, comme les commissions « Vérité et réconciliation », la médiation, la réconciliation, les modes alternatifs de résolution des conflits, les programmes de réparation qui rendent notre société plus conviviale et dès lors plus sûre. Plutôt que d'imposer une sentence à l'auteur, il est préférable qu'il en accepte les conditions ou qu'il coopère à son élaboration. Les accords ainsi trouvés sont plus satisfaisants pour les acteurs et leurs effets plus durables que ceux des peines conventionnelles ;

– le processus de pacification ne peut se concevoir que par un travail individuel pour comprendre ce qui s'est passé, pour se changer soi-même et développer le sens de la communauté par une ouverture aux autres. Car les questions que se pose la justice (les juristes) ne sont pas les mêmes que celles qui taraudent les personnes en conflit. La réparation fait partie du procès mais pas la restauration qui nécessite une réflexion sur soi, sur l'altérité et sur les relations humaines car, pour reprendre l'expression célèbre de Paul Ricœur, « la relation de soi à soi passe par l'autre[26] » ;

– la tâche des criminologues est de convaincre les politiciens, les médias et les acteurs de la justice pénale de l'existence et de l'efficacité des alternatives dans la lutte contre le crime.

Cette mouvance multiforme fut souvent qualifiée d'utopiste, d'irréaliste, ne donnant aucun outil de compréhension du passage à l'acte ou du fonctionnement pénal[27]. Elle marqua cependant l'émergence d'une dynamique puissante s'exprimant à travers le mouvement de la *restorative justice.* Initialement conceptualisé à la fin des années 1980, à partir d'expériences néo-zélandaises et australiennes, par les travaux de Howard Zehr[28] ou de John Braithwaite[29], il s'inscrit dans une dynamique de transformation des fondements et des modalités du contrôle social face au crime[30]. Ce dernier ne doit plus être considéré comme une offense contre l'État mais avant tout contre les personnes. Il faut donc leur rendre la propriété de leurs conflits, traditionnellement « volés[31] » par les professionnels et le système judiciaire. L'intervention judiciaire doit donc centrer son intervention sur les besoins de la victime, de l'auteur et de la commu-

---

26. P. Ricœur, *Soi-même comme un autre,* Paris, Le Seuil, 1990.
27. R. Akers, *Criminological Theories : Introduction, Evaluation and Application,* Los Angeles, Roxbury, 2000.
28. H. Zehr, *Changing Lenses : a New Focus for Crime and Justice,* Scottsdale, Herald Press, 1990.
29. J. Braithwaite, *Crime, Shame and Reintegration,* Cambridge University Press, 1989.
30. J. Faget, *Médiations. Les ateliers silencieux de la démocratie,* Toulouse, érès, 2010.
31. N. Christie, « Conflict as property », *British Journal of Criminology,* 17 (1), p. 1-15.

nauté, et la sentence doit avant tout préparer le futur plutôt que sanctionner le passé. Pour ce faire il faut transformer le mode décisionnel, permettre à toutes les personnes concernées dans le conflit de participer directement à la recherche d'une solution mutuellement satisfaisante. Pratiqué à l'origine dans les pays anglophones de tradition protestante, il connut, dans les années 2000, un bel essor européen stimulé par l'activisme de l'European Forum for Restorative Justice et de son pilote Ivo Aertsen, de l'université de Leuven en Belgique. En réalité coexistent trois conceptions de la justice restaurative. La première est pénale et relationnelle. Elle concerne le cas de figure où une rencontre est organisée entre les protagonistes d'une infraction et divers membres de leur communauté (médiation, cercles de guérison, cercles de sentence, conférences familiales, communautaires, cercles de parole…). La seconde, portée par Lode Walgrave[32], est pénale et réparatrice. Ses défenseurs considèrent que le champ d'application du modèle restauratif court le risque d'être réduit si on le réserve à des cas où les protagonistes acceptent de se rencontrer. Il faut donc l'étendre à toutes les mesures s'inspirant d'une philosophie réparatrice, ce qui englobe toutes les sanctions qui ont pour fonction de faire réparer à l'offenseur le dommage causé (réparations, travail d'intérêt général, restitutions, compensations…). La troisième conception est sociale et transformative. Elle vise à faire évoluer nos modes de vie individualistes par la promotion de valeurs communautaires de compréhension et de respect. Elle étend le champ d'application du concept à toutes les transgressions qui ne sont pas traitées par le système pénal (à

32. L. Walgrave, *Restorative Justice, Self-interest and Responsible Citizenship*, Cullompton, Willan Publishing, 2008.

l'école, au travail, entre voisins...) et lutte contre toutes les formes d'oppressions (économique, de pouvoir...) par la mise en place de mesures comme les médiations scolaires, familiales, sociales, les cercles de conciliation communautaire, les médiations politiques et les processus politiques de construction ou de consolidation de la paix.

– Enfin, la *constitutive criminology* est largement influencée par la pensée d'Anthony Giddens[33]. Entre les sociologies de l'acteur et celles de la structure, cette théorie ne donne la primauté ni à l'une ni à l'autre. Henry et Milovanovic considèrent que « les êtres humains façonnent leur monde mais qu'ils sont eux-mêmes façonnés par lui[34] ». Ainsi, les comportements des auteurs et des victimes ne peuvent être compris indépendamment de la société à laquelle ils appartiennent mais ils ne sont pas davantage compréhensibles par le seul effet des cultures et des structures dans lesquelles ils sont immergés. Le crime est coproduit à la fois par les acteurs et par les structures sociales et les organisations. Cette théorie intégrative, qui tente d'articuler les criminologies étiologiques et celles de la réaction sociale, se propose de déconstruire les notions de discrimination, d'aliénation, de violence, d'oppression et d'inégalité. Pour ce faire elle donne voix aux exclus, aux marginaux, aux opprimés auxquels on a dénié le statut plein et entier d'êtres humains. Car en application de la théorie du chaos selon laquelle de petites causes peuvent avoir de grands effets, leur mobilisation peut changer les choses *(to make a difference)*. Cette vision active s'oppose au défaitisme et au

33. A. Giddens (1984), *La constitution de la société. Éléments de la théorie de la structuration*, Paris, Puf, 1987.

34. S. Henry, D. Milovanovic, *Constitutive Criminology. Beyond Postmodernism*, London, Sage, 1996.

nihilisme de certaines théories radicales. Déconstruire les discours et la réalité n'est pas suffisant, il faut aussi reconstruire d'autres façons de parler et de faire. Les notions de crime, d'auteur, de victime et de criminalité sont coconstruites et reconstruites sans fin par les individus et les institutions. Henry et Milovanovic définissent le crime comme « le pouvoir de nier aux autres leur capacité à changer le monde ». L'existence de relations de pouvoir inégalitaires, qui en est la source, s'exprime dans le discours et le langage utilisés. Ainsi, tous les concepts de la criminologie sont construits discursivement par les documentaires, les bulletins d'information des médias, les livres, les films, les séries télévisées, le système pénal, les juges, les avocats, les criminologues, les policiers. Pour reconstruire une politique judiciaire sur des bases plus humanistes, il faut changer la nature de ces discours, intégrés et repris par les criminels eux-mêmes, qui véhiculent des messages de violence et d'humiliation. Il faut changer les images populaires du crime dans les médias et développer des visions alternatives du contrôle social comme peuvent l'être les programmes d'éducation à la paix par les interactions de face-à-face, dans lesquels les victimes sont considérées comme nécessitant une reconnaissance et les criminels comme des êtres en reconstruction dont on veut développer l'*empowerment.* Cette démarche s'appuie parfois sur des actions de *narrative therapy* (groupes de paroles, groupes éducationnels, ateliers de gestion des conflits) au cours desquelles les infracteurs se détachent, par la parole, des récits dont ils sont prisonniers, pour se construire des récits alternatifs qui donnent sens à leur vie. Mais ces initiatives seraient peu productives si elles n'étaient pas accompagnées d'une transformation structurelle des politiques économiques.

Propos d'étape 2

Deux dimensions philosophiques ressortent des approches évoquées dans les chapitres précédents. Dans la première l'individu est considéré comme un acteur responsable exerçant un libre choix dans le cadre des contraintes contextuelles qu'il rencontre (liberté). Dans la seconde la part d'initiative et donc de responsabilité des individus est amoindrie par les différentes forces propres à leur milieu ou au système social qui s'impose à eux (déterminisme). Par ailleurs, certaines théories se focalisent sur le processus de socialisation et la manière dont les contrôles sociaux influencent les trajectoires individuelles (processus microsocial), d'autres perspectives privilégient une approche où sont pris en compte les rôles des groupes sociaux, des institutions et du contexte social environnant (processus mésosocial), d'autres enfin se focalisent sur la structure économique et politique de la société (processus macrosocial).

De nombreux auteurs considérant la complémentarité de ces théories se sont efforcés d'en combiner les apports en proposant des théories dites « intégratives ». Nous en avons précédemment donné un exemple pour les théories causalistes (propos d'étape 1) ou, dans le chapitre 5, à propos du courant de la *constitutive criminology*. Cette tentative en rejoint d'autres qui s'attachent à dépasser le clivage historique entre les tenants du paradigme du passage à l'acte et ceux d'une criminologie de la réaction sociale.

Tableau synoptique des différentes théories sociocriminologiques

	Processus microsocial	*Processus mésosocial*	*Processus macrosocial*
Liberté	Théories du choix rationnel Théories du contrôle	Théories inter-actionnistes Ethno-méthodologie	
Déterminisme	Théorie de l'association différentielle	Théorie de la désorganisa-tion sociale Théorie des conflits de culture	Théories de la tension Criminologie critique et postmoderne

Le psychologue belge Christian Debuyst considère que la criminologie clinique doit inclure la problématique de la réaction sociale, et que l'analyse du construit social qu'est la délinquance ne doit pas oublier qu'existent des comportements nuisibles au groupe social[35]. Par exemple, certains aborderont le problème de la drogue en étudiant les raisons pour lesquelles on se drogue, le fonctionnement des groupes de drogués, leur origine sociale..., alors que d'autres considéreront que l'intérêt de la question réside plutôt dans les conséquences sociales du système prohibitionniste nourrissant le grand banditisme et marginalisant les consommateurs. Or il est bon de ne pas séparer ces deux dimensions. Il est à la fois utile de traiter des enjeux politiques et économiques du type de régulation normatif privilégié par une société, et de réfléchir à la question de la vulnérabilité de certaines

35. C. Debuyst, *Acteur social et délinquance*, Liège-Bruxelles, Mardaga, 1990.

personnes ou de certains groupes sociaux face à une offre multiforme et galopante de produits d'évasion. Alvaro Pirès se montre tout aussi insatisfait par les deux paradigmes traditionnels, qu'il nomme « paradigme du fait social » et « paradigme de la définition sociale[36] ». On sait que la population des prisons est massivement composée d'individus issus des couches les plus pauvres de la société. Avec le paradigme étiologique, on peut en tirer la conclusion que la pauvreté mène au crime et donc à la prison. Avec le paradigme de la réaction sociale, on constatera en revanche que la présence de tous ces pauvres est la conséquence de la vulnérabilité de leur groupe et du fonctionnement sélectif du système pénal qui les contrôle, les poursuit et les condamne davantage. En réalité il y a du vrai dans les deux analyses. La pauvreté peut conduire à des comportements prohibés et le système possède une propension à stigmatiser les individus dont les indicateurs d'insertion sont les moins tangibles.

En définitive, compte tenu du caractère hétéroclite et a-scientifique de la catégorie délinquance, il faut renoncer à l'existence d'une théorie intégrative qui pourrait capitaliser et articuler tous nos savoirs. On peut tout au plus envisager de rassembler les diverses perspectives à propos soit d'un type de population déterminé, soit d'un type de conduite précis. C'est ce qu'a tenté par exemple Lode Walgrave pour la délinquance juvénile[37].

36. A. Pirès, « La criminologie et ses objets paradoxaux : réflexions épistémologiques sur un nouveau paradigme », *Déviance et société*, vol. 17, n° 2, 1993, p. 129-161.

37. L. Walgrave, *Délinquance systématisée des jeunes et vulnérabilité sociale*, Genève/Paris, Éd. Médecine et Hygiène, Masson, 1992.

6
Les objets contemporains de la recherche sociocriminologique

Le regard porté sur la réalité par les criminologues de la réaction sociale, la criminologie critique et post-moderne, a transformé le contenu même de la discipline. On s'intéresse désormais moins aux raisons du passage à l'acte qu'aux effets pervers des réponses sociales et aux modes d'organisation du travail pénal (voir seconde partie). On se consacre moins à la délinquance des pauvres, dont on semble avoir compris l'essentiel des mécanismes, qu'à la criminalité des puissants qui réserve encore de passionnantes découvertes, à la délinquance sexuelle et à la violence qui nourrissent l'inquiétude sociale.

Une sociologie du crime organisé

C'est véritablement depuis les années 1990 que cette perspective de recherche prend son essor. La mondialisation de l'économie, la circulation des capitaux, des biens et des personnes ont multiplié les occasions criminelles et stimulé du même coup la curiosité des chercheurs[1]. Mais la nécessité de procéder à de délicates incursions dans les sphères opaques du pouvoir politique et économique a disqualifié les méthodes d'enquête traditionnelles en sciences sociales, et transformé le travail de recherche en un véritable travail de police.

La criminalité organisée peut se définir comme l'activité de groupements (de type familial, clanique, professionnel, sectaire, terroriste…) dont l'objectif est la commission d'actes criminels ou délictueux soit exclusivement, soit en lien avec des activités légales (couverture) sur le plan national ou international. Ces actes sont généralement le produit d'une organisation rigoureuse, stratégique et professionnelle. Ce sont des réseaux nationaux et transnationaux (mafias siciliennes, yakusas japonais, triades d'Asie du Sud-Est, cartels de Colombie, organisations nigérianes, américaines, clans albanais, russes, polonais…) ayant une grande capacité d'adaptation aux changements politiques, économiques et juridiques, des pouvoirs d'influence considérables et des liens avec les appareils politiques, les polices et les systèmes judiciaires. Les infractions commises sont extrêmement variées : fraudes fiscales, financières, douanières, contrebande d'alcool, de tabac, proxénétisme, trafic divers (stupéfiants, faux papiers, migrants, enfants, femmes, animaux, armes, médicaments, œuvres d'art, substances toxiques, voitures volées, matières nucléaires, espèces menacées, contrefaçons, œuvres protégées par la propriété intellectuelle, fausse monnaie, cartes bancaires), jeux prohibés, extorsion de fonds, piraterie, corruption, abus de pouvoir commis par des élus,

1. Voir par exemple J.-L. Briquet, G. Favarel-Garrigues (sous la direction de), *Milieux criminels et pouvoir politique : les ressorts illicites de l'État*, Paris, Karthala, 2008.

des fonctionnaires et des acteurs économiques, favoritisme dans les marchés publics, prise illégale d'intérêt, blanchiment d'argent, cyber-criminalité (virus informatique ou chantage au virus, modification de programmes comptables pour détourner des fonds, blanchiment électronique d'argent). C'est à dessein que cette liste est longue pour donner la mesure des défis criminologiques contemporains.

Cette criminalité organisée est considérée par la « nouvelle » criminologie comme le produit logique de l'économie libérale, un corollaire inévitable de la logique du profit, qu'il faut corréler avec la mondialisation des échanges économiques, la mobilité des personnes et des biens, l'ouverture ou l'abandon des frontières nationales, la perte relative de souveraineté des États, le développement de la communication instantanée, l'absence de réglementation des transactions bancaires, d'harmonisation des droits pénaux, l'ineffectivité des textes existants.

En la matière le chiffre noir est colossal, car la puissance des acteurs économiques concernés leur permet d'échapper le plus souvent à la détection, l'arrestation et la condamnation. La plupart des activités sont peu visibles, régulées de manière interne au moyen d'arrangements ou de règlements de compte. Lorsqu'elles apparaissent au grand jour, l'entrelacement et l'émiettement des responsabilités est tel qu'on en retire l'impression d'infractions sans auteur. Face à ces réalités la réaction sociale ne progresse qu'à pas de tortue. Le traité d'Amsterdam de 1997 sur la prévention et la lutte contre la criminalité organisée, le développement de la coopération policière et judiciaire, la construction d'un espace juridique européen, la création de pôles économiques et financiers au sein des institutions policières et judiciaires nationales, n'a accru que marginalement l'effectivité de la répression. Car les puissances de l'argent, y compris les plus vertueuses, sont réticentes vis-à-vis de régulations trop contraignantes qui entraveraient leurs jeux. Ainsi, la frilosité des banques et de nombreux États à s'engager dans la répression du blanchiment d'argent et à s'attaquer aux paradis fiscaux.

Une sociologie de la violence

La problématisation de la violence dans les sociétés occidentales a suscité la curiosité de nombreux chercheurs. Cette violence dont la définition est pourtant nébuleuse et dont les causes sont multiples est référée pour l'essentiel à l'augmentation de la criminalité. Cette objectivation est d'autant plus surprenante qu'elle ne peut se fonder sur une recrudescence de la criminalité sanglante. Car tous les pays européens font le constat d'un déclin de l'homicide sur une longue durée historique. Cette évolution est fiable dans la mesure où, en la matière, le chiffre noir est faible. Mais si le nombre des meurtres est à peu près constant, il existe cependant des écarts entre les pays et dans un même pays entre les régions. C'est ainsi que les États-Unis connaissent des taux d'homicide qui sont parmi les plus élevés du monde occidental. On évoque pour expliquer ce particularisme plusieurs hypothèses : l'existence d'une culture de la violence et la libre circulation des armes héritées de la conquête « héroïque » de l'Ouest ; une fracture raciale et sociale très forte entre Blancs et Noirs, un monopole de l'État moins affirmé sur la violence physique légitime qui laisse à chacun la possibilité, dans certaines conditions, de se faire vengeance. Mais la statistique globale tend à écraser le fait que l'on enregistre dix fois plus d'homicides dans les États du Sud que dans ceux du Nord ou de l'Ouest.

En réalité les sociétés occidentales connaîtraient, pour reprendre l'expression de Norbert Elias, un processus de « civilisation des mœurs ». Mais cette tendance se stabiliserait, voire serait menacée par un affaiblissement des contrôles sociaux, une crise des institutions de socialisation (famille, école, église, mouvement ouvrier) et une fragmentation sociale engendrant des phénomènes d'apartheid menaçant le vivre ensemble. Un indicateur de cette évolution serait le nombre croissant de violences faites aux personnes depuis le milieu des années 1980[2]. La progression statistique des coups et blessures, des vols à base de violence, de la violence scolaire est souvent mentionnée. La question de l'amplitude réelle des prédations à caractère sexuel (pédophilie, viol, harcèlement sexuel) fait notamment débat. Il est incontestable que l'attention croissante de nos sociétés pour les droits humains et le respect des personnes, la transformation du statut de la femme dans la société (les dénonciations de violences sur les femmes sont statistiquement les plus nombreuses dans les pays du nord de l'Europe où leur statut est bien meilleur qu'ailleurs et leur autonomie financière plus fréquente), la vigueur du sentiment de l'enfance dans des sociétés dont les taux de procréation sont en chute (dans un ensemble social où les ciments traditionnels, idéologies, partis, syndicats, religions, n'ont plus la même force de rassemblement, l'enfance devient le lieu d'un sacré social qui fait partage, qui rassemble), le développement de politiques d'information, la multiplication de numéros verts, de lieux d'écoute, l'humanisation de l'accueil dans les commissariats de police, ont contribué à déculpabiliser les victimes de ce type

2. H. Lagrange, *Demandes de sécurité. France, Europe, États-Unis,* Paris, Le Seuil, 2003.

d'infraction et à favoriser leur dénonciation. Pourtant on ne peut pas exclure que la libération des mœurs, l'autonomie accordée aux enfants, le relâchement des morales traditionnelles et leur cortège d'inhibitions, la dilution des contrôles sociaux de proximité, la marchandisation du sexe et la mondialisation des réseaux de trafiquants, la perte des repères intergénérationnels (la sphère familiale souvent recomposée est dans une proportion écrasante le haut lieu des violences sexuelles), soient de nature à accroître les tentations déviantes et les passages à l'acte.

Pour tous les types d'infraction il faut interpréter les chiffres avec prudence.

Nous savons que la statistique criminelle ne donne pas une image de la criminalité réelle, étant dépendante de la propension des citoyens à porter plainte, de celle des organes de police et de gendarmerie à les enregistrer (criminalité apparente) et de la justice à les condamner (criminalité légale). Son évolution dépend donc de l'interprétation que les personnes donnent à leur situation et des choix auxquels elles procèdent pour réguler leur conflit, mais aussi des modes d'organisation du système répressif, de l'importance de son personnel, des incitations politiques pour enregistrer ou non certains types de transgressions, ou encore des priorités pour investir tel domaine de délinquance au détriment d'un autre. Mais le constat d'un accroissement de la violence délinquante est corroboré par des recherches qualitatives auprès des intervenants de proximité que sont les policiers ou les travailleurs sociaux et par les enquêtes de victimation ou de délinquance autoconfessée[3]. Le sentiment de violence dont la défi-

3. S. Roché, *La délinquance des jeunes. Les 13-19 ans racontent leurs délits*, Paris, Le Seuil, 2001.

nition varie selon l'âge, les classes sociales et le lieu d'habitation, n'est cependant que marginalement fondé sur des expériences personnelles de violence et souvent généré par la multiplication des incivilités, ces entorses aux règles du vivre ensemble (injures, menaces, comportements agressifs, bruits, odeurs, dégradations, irrespect...) qui, prises isolément, n'ont qu'un faible degré de gravité, ce pourquoi elles ne sont pas traitées par les institutions, mais dont la répétition menace le bien-être collectif et motive des attitudes de rejet et de repli sur soi.

Le discours public sur l'insécurité a motivé un grand nombre de travaux français. L'insécurité est généralement corrélée avec l'élévation de la délinquance enregistrée et condamnée. Pourtant la réalité est plus complexe. D'une part, il existe une dissonance au moins partielle entre victimation et insécurité qui fait que les individus ayant le plus de probabilités d'être victimes d'une infraction sont ceux qui le redoutent le moins (les jeunes), alors qu'à l'inverse les personnes âgées et femmes au foyer craignent une agression qui généralement les épargne[4]. D'autre part, à côté d'une insécurité focalisée sur la peur de la délinquance, d'autres formes d'insécurité coexistent, liées à la peur du changement social dans un contexte de recomposition des territoires politiques et des identités nationales, de dérégulation des marchés, d'accentuation des inégalités économiques, de développement des flux migratoires, de flexibilisation du travail, de crise des idéologies et des religions, d'individuation des modes de vie et de crise des solidarités[5]. Bref, les

4. S. Roché, *Sociologie politique de l'insécurité. Violences urbaines, inégalités et globalisation*, Paris, Puf, 2004.

5. R. Castel, *L'insécurité sociale, Qu'est-ce qu'être protégé ?*, Paris, Le Seuil, 2003.

raisons ne manquent pas pour se sentir en insécurité. Cette complexité impose de distinguer entre des territoires où les tensions sociales sont fortes, le risque de victimation élevé, les relations sociales délabrées par la crainte de « l'autre », où l'insécurité relève de la peur physique *(fear)*, et des zones plus paisibles où elle exprime une préoccupation plus intellectuelle et plus large sur le devenir social *(concern)*[6].
Le cas français, après celui de l'Angleterre analysé par Cohen à propos des *mods* et des *rockers*, a donné lieu à une entreprise de déconstruction de la part de Laurent Mucchielli[7] ainsi que d'autres criminologues critiques. C'est ainsi que la focalisation très française de l'appréhension sociale sur la délinquance apparaît comme la résultante d'une construction politique. J'en propose ici mon analyse pour la France.

Contexte : La montée électorale, à compter du milieu des années 1980, du Front national, parti d'extrême-droite dont l'argumentaire se focalise sur l'immigration et la sécurité, a, pour des raisons stratégiques, progressivement transformé la rhétorique de la droite traditionnelle puis, plus tard, celle de la gauche socialiste sur les questions de sécurité. Dès le milieu des années 1990, on assista à une surenchère de propositions et de réformes pour rassurer la population et « éradiquer le mal qui ronge la société ». Elle atteindra son paroxysme lors des élections présidentielles de 2002 puis de 2007.

---

6. P. Robert, *L'insécurité en France,* Paris, La Découverte, 2002.
7. L. Mucchielli, *Violences et insécurité. Fantasmes et réalités dans le débat français*, Paris, La Découverte, 2002 (2e éd.) ; *La frénésie sécuritaire. Retour à l'ordre et nouveau contrôle social*, Paris, La Découverte, 2008 ; *L'invention de la violence. Des peurs, des chiffres, des faits*, Paris, Fayard, 2011.

Le boomerang de l'insécurité

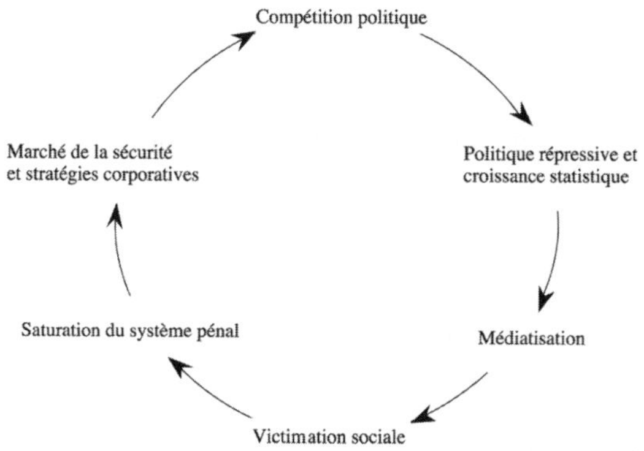

Phase 1 : Le discours sur la sécurité est performatif, il produit des effets de réalité. Il a donc pour conséquence de durcir les choix de politique pénale. Le renforcement du contrôle de l'espace public par les polices nationales et municipales ainsi que les directives de fermeté données à la police, à la gendarmerie et aux parquets, ont pour effet mécanique d'augmenter le volume des affaires traitées. Ainsi par exemple, pour les mineurs, à une politique traditionnellement fondée sur la prise en charge par les juges pour enfants dans le cadre de l'enfance en danger, succède une volonté de faire halte aux carrières déviantes par des réponses pénales considérées comme plus structurantes. Des accords passés entre les procureurs de la République et les établissements scolaires facilitent le signalement aux instances répressives de conduites qui par le passé étaient régulées par les chefs d'établissement. Nous sommes alors confrontés à un cercle vicieux dans la mesure où toute stratégie efficace de contrôle a pour effet d'augmenter la statistique criminelle, donc à conforter le sentiment d'insécurité et par conséquent à fonder des politiques plus coercitives.

Phase 2 : La médiatisation des statistiques criminelles, et celle, orchestrée, des émeutes urbaines et des turbulences des banlieues dites « sensibles », authentifient le sentiment d'insécurité. La part spectaculaire consacrée par la télévision, la radio, la presse écrite, aux faits divers et notamment aux problèmes de violence juvénile, peut laisser penser qu'ils construisent ce phénomène. Mais ce travail journalistique ne relève pas de la pure subjectivité. Certes, les journalistes sélectionnent les informations qu'ils reçoivent et procèdent à des choix éditoriaux. Mais ils sont, dans un contexte de forte compétition commerciale, contraints à la fois par la logique du *scoop* et par la nécessité de parler des thèmes abordés par leurs concurrents. D'autre part ils sont utilisés comme relais par les acteurs politiques et les acteurs sociaux. Ainsi, les actes violents commis par les jeunes des banlieues peuvent être lus comme des tentatives de leur part d'instrumentalisation de la presse. Ils comprennent aisément les bénéfices secondaires soit en termes identitaires (sentiment de toute-puissance que de passer à la télévision ou de faire la une des journaux), soit instrumentaux (réponses politiques en termes de création d'infrastructures, de dispositifs sociaux, culturels ou d'emploi sur leur territoire) qu'ils peuvent retirer de leurs actions. En définitive si les médias ont sans doute un rôle influent dans la mise en lumière de l'insécurité, ils participent à un travail dont les catégories de pensée sont élaborées de manière collective par les institutions et les acteurs sociaux.

Phase 3 : L'émergence d'une « société de victimes » constitue une dimension capitale du cercle de l'insécurité. Exclue pendant trop longtemps du débat social car représentée par l'État, la victime des démocraties occidentales clame désormais sur tous nos écrans et dans nos prétoires, sa souffrance et son indignation. Elle ne se satisfait pas de l'octroi de droits nouveaux mais réclame une réparation symbolique, l'affirmation d'une dette, une reconnaissance. Le citoyen choyé, hyperassuré des paradis capitalistes, paie son autonomie du prix de l'incertitude, et cultive une attitude paradoxale consistant à revendiquer toujours plus de droits et en même temps toujours plus de protection. Le climat général d'insécurité se nicherait dans cette béance et dans l'incapacité politique et institutionnelle à combler cette demande inépuisable. Loin d'en ralentir le flot, les politiques compassionnelles, qui témoignent d'une aptitude à ressentir la souffrance du peuple, et les politiques sécuritaires, qui visent à le rassurer, surfent sur cette « martyrologie de la victime » et en accentuent l'expression. Ce gouvernement « par l'inquiétude » crée les conditions d'un populisme pénal[8] où la compassion et l'émotion mènent le bal.

Phase 4 : Le système pénal se trouve dès lors engorgé par des attentes bien souvent irrationnelles de répression. Or paradoxalement, au lieu de faire des choix restreignant ses activités, les parquets veulent « tout embrasser[9] ». Si bien qu'ils ne peuvent traiter qu'une part minime des plaintes qui leur sont adressées. Un processus de double victimisation (on se considère une première fois victime d'une infraction et une seconde fois du système qui refuse de reconnaître le préjudice), mine alors la confiance institutionnelle envers une institution dont la dimension symbolique est éminente. L'impuissance du système judiciaire à offrir réparation à ceux qui se considèrent comme victimes

8. D. Salas, *La volonté de punir. Essai sur le populisme pénal*, Paris, Hachette, 2005.

9. C. Mouhanna, W. Ackermann, *Le parquet en interaction avec son environnement : à la recherche des politiques pénales*, ministère de la Justice, mission de recherche Droit et Justice, 2001.

apporte sa contribution au sentiment général d'insécurité et peut potentiellement inciter les citoyens à s'approprier véritablement la loi et à menacer le monopole étatique de la violence physique légitime.

Phase 5 : Il faut enfin prendre en considération le poids considérable des logiques économiques dans le débat sécuritaire. La délinquance constitue en effet un marché florissant pour les entreprises de sécurité privée, les fabricants de dispositifs de sécurité, les consultants spécialisés en sécurité qui, tels des pompiers pyromanes, ne cessent de crier au danger pour mieux vendre les remèdes permettant de le circonscrire. Elle constitue également un bassin d'emploi important pour tous ceux qui, à un titre ou à un autre, participent à la production de l'ordre. Du coup certains métiers profitent du contexte ambiant pour développer des stratégies corporatives et de défense d'intérêts catégoriels. C'est ainsi qu'on a pu observer, dans les périodes préélectorales, une épidémie contagieuse de revendications et de manifestations de la part des policiers nationaux et municipaux, des conducteurs et des contrôleurs des sociétés de transport, des surveillants de prison, des enseignants, des sapeurs-pompiers, des convoyeurs de fonds, des personnels médicaux… Et c'est ainsi que les pouvoirs publics et les candidats aux élections reçoivent comme un boomerang une préoccupation qu'ils ont contribué à créer, et n'ont d'autre choix, pour satisfaire leurs électeurs potentiels, que de le relancer.

II

Sociologie de la justice pénale

La transition d'une sociologie du passage à l'acte à une sociologie pénale[1] s'explique par l'intrication de raisons endogènes et exogènes au champ criminologique.

D'un côté, la part prépondérante donnée à la réaction sociale par les sociologues interactionnistes, puis la déconstruction des catégories juridiques et la dénonciation d'une justice de classe par la criminologie critique, ont déplacé le projecteur sur les processus d'incrimination et les logiques de marquage de l'appareil judiciaire. De l'autre, la politisation des questions de sécurité dans les sociétés occidentales et l'intérêt corrélatif des politologues pour cette politique publique de nature spécifique qu'est la politique pénale, ont permis d'arracher la criminologie à ses limbes juridico-mythologiques pour la faire entrer dans le monde des objets scientifiques.

Il serait vain de vouloir dégager dans cette partie de grands paradigmes scientifiques comme ont pu l'oser les premiers sociologues. La réflexivité des chercheurs et l'émiettement de leurs angles d'attaque ne le permettent pas. Il s'agira plutôt de mettre en exergue les grands thèmes de recherche autour desquels la sociologie pénale développe son entreprise

1. P. Robert, « De la criminologie de la réaction sociale à une sociologie pénale », *Année sociologique*, 1981, p. 253-283.

de dévoilement de la réalité. Le propos sera structuré selon un ordre chronologique qui n'est que didactique, tant les phases peuvent s'enchevêtrer, autour de trois dimensions d'analyse : une sociologie des politiques pénales qui détermine les processus d'incrimination *(inputs)* ; une sociologie du travail judiciaire qui se déroule dans le cadre du système pénal (boîte noire) ; enfin, une sociologie de la production *(outputs)* et des résultats *(outcomes)* de l'activité pénale.

7
Sociologie des politiques pénales

Les politiques publiques peuvent être définies comme des programmes mis en œuvre par une autorité publique dans un domaine particulier comme ceux de la santé, de la famille, de l'économie. Dans le champ qui nous intéresse, on emploie indifféremment les termes de politique criminelle ou pénale. Le premier est plus général que le second mais il est si mal nommé (il s'agirait plutôt de politique anticriminelle) que l'on parlera de politique pénale pour désigner l'élaboration par les instances étatiques, en interaction avec les forces sociales concernées, d'une stratégie destinée à prévenir et à réprimer le phénomène criminel. Le droit pénal en constitue un élément essentiel mais il n'est pas le seul. Les moyens de cette stratégie sont multiples. Les premiers qui viennent à l'esprit sont l'incrimination puis la sanction, mais la production normative et son effectivité n'épuisent pas la nature de la politique pénale. La lutte contre la délinquance ne peut se concevoir sans recourir également à une politique de régulation sociale dont les politiques éducatives, culturelles, sociales, sanitaires, sont parties prenantes.

La politique pénale pourrait se concevoir de façon rationnelle comme étant fondée sur des recherches scientifiques empiriques. Mais leur réalité est tout autre car elle s'appuie le plus souvent sur des choix idéologiques. Ainsi navigue-t-elle entre les couples d'opposition qui ont marqué l'histoire pénale : prévention/répression, sécurité/liberté, réinsertion/neutralisation, milieu ouvert/milieu fermé. Elle peut aussi relever de la tactique quand son contenu répond plus à des préoccupations électoralistes qu'à une vision politique. C'est dire que l'idéologie juridique positiviste, qui fait fréquemment référence à un législateur impersonnel qui serait à la source de textes représentant la volonté générale, ne résiste pas à un regard sociologique. Ce législateur n'est en effet qu'un mythe occultant le fait que les lois sont le produit d'un contexte sociopolitique et ne peuvent être comprises indépendamment de sa prise en compte. L'analyse de la construction de la norme pénale, de ses fonctions et de l'éventail des différents modèles normatifs disponibles en donnera de multiples illustrations. Il sera alors temps de faire le bilan des mutations contemporaines du « contrôle du crime ».

La construction de la norme pénale

On distingue au moins trois façons de concevoir le processus d'incrimination[1]. Dans une perspective formaliste, la loi est l'expression de la volonté collective des membres d'une société, la norme pénale exprime les états forts de la conscience collective. Cette posture positiviste, indifférente aux contingences politiques et sociales de la production normative, fut battue en brèche par une perspective instrumentaliste pour laquelle le droit est considéré comme un

1. P. Hebberecht, « Les processus de criminalisation primaire », *Déviance et société,* 1985, p. 59-77.

enjeu dans la lutte entre classes sociales. Il n'est donc pas neutre mais constitue un instrument de domination au service des plus puissants économiquement ou politiquement. Enfin, une troisième perspective souligne la complexité des rapports dialectiques entre les différents groupes sociaux dans le processus d'incrimination. Le champ juridique est, comme le dit Pierre Bourdieu, « le lieu d'une concurrence pour le monopole du droit de dire le droit qui contribue [...] à faire que le système des normes juridiques apparaisse à ceux qui l'imposent, et même, dans une plus ou moins grande mesure, à ceux qui le subissent, comme totalement indépendant des rapports de force qu'il sanctionne et consacre[2] ». Le caractère conflictuel de ce champ explique le caractère hybride de la loi pénale, résultante d'un compromis, et ce faisant n'exprimant jamais totalement les valeurs d'un groupe déterminé.

Il existe grosso modo deux manières de concevoir l'analyse des politiques publiques. Une approche *top down* considère qu'elles sont construites par le « centre », que les rôles de l'État, des partis et des gouvernements dans les choix politiques sont décisifs. À l'inverse, dans une vision *bottom up* les services extérieurs de l'État n'ont pas un simple rôle de mise en œuvre de ses décisions mais participent à la production concrète des politiques publiques car ils sont immergés dans des systèmes d'action décentralisés dans lesquels une multitude d'acteurs influent sur la manière de concevoir et de définir les problèmes sociaux. Même si la politique pénale est marquée du sceau d'un État détenteur, selon l'expression de Max

2. P. Bourdieu, « La force du droit, éléments pour une sociologie du champ juridique », *Actes de la recherche en sciences sociales*, n° 64, septembre 1986, p. 40-44.

Weber, du monopole de la violence physique légitime, elle est la résultante de l'interaction de forces qui s'affrontent tant à l'intérieur qu'à l'extérieur de l'appareil judiciaire[3]. On peut ainsi schématiquement distinguer cinq scènes sur lesquelles jouent des acteurs animés de visions du monde différentes, et qui participent de façon inégale, suivant le type de problème concerné, à la construction des politiques pénales[4] – voire à leur déconstruction si l'on prend en compte les processus de dépénalisation. Car certains acteurs, notamment dans le domaine économique, désireux de bénéficier d'une immunité pénale, développent des stratégies d'influences pour repousser le spectre d'une intervention étatique et donc d'une incrimination de leur activité. Certaines mobilisations sociales ont revendiqué et obtenu la dépénalisation de comportements incriminés comme l'homosexualité, l'avortement ou l'usage des drogues dites « douces ».

Pour rendre compte du processus d'incrimination, je propose le tableau suivant qui fait l'inventaire des différentes scènes en interaction sur lesquelles se mobilisent les acteurs. Leur évocation n'est pas nécessairement chronologique tant les différents moments du processus sont entremêlés et leur ordre fluctuant en fonction des thèmes de réforme.

3. P. Lascoumes, « Pluralité d'acteurs, pluralité d'actions dans la création contemporaine des lois », dans *Acteur social et délinquance, Hommage à Christian Debuyst*, Liège-Bruxelles, Mardaga, 1990.

4. J. Faget, *La médiation. Essai de politique pénale*, Toulouse, érès, 1997.

	Construction des politiques pénales
Scène sociale	Influence des groupes d'intérêts sociaux ou économiques dans l'émergence et le contenu des textes
Scène médiatique	Influence des lobbies médiatiques dans la mise sur agenda et la nature du débat public
Scène politique	Rôle des politiques dans la mise sur agenda et le vote des textes
Scène technocratique	Rôle des techniciens dans la conception et l'écriture des textes
Scène juridique	Influence des professions judiciaires sur le contrôle du contenu des textes

Sur la scène sociale s'animent ceux que Howard Becker a nommés les entrepreneurs moraux et qui, par leur détermination, leur organisation, leur accès aux instruments de publicité, « vendent leur conception de la moralité publique aux gardiens de la machine législative[5] ». Je distinguerai entre des groupes d'intérêts « communautaires » et des groupes d'intérêts à vocation économique ou corporatiste, même si certains jouent astucieusement sur les deux registres. Les premiers expriment une revendication d'intérêt général. Ce peuvent être des mouvements écologistes (pollution), antiracistes (discrimination), féministes (harcèlement sexuel, violences domestiques, viol entre époux, interruption volontaire de grossesse), de défense des victimes d'infraction de la route (alcool au volant, limitations de vitesse), rassemblant autour de leur cause un nombre plus ou moins large de citoyens soutenus parfois par des élus, des membres des professions judiciaires. Certains sont exclusive-

5. H.S. Becker (1963), *Outsiders, Études de sociologie de la déviance*, Paris, Metailié, 1985.

ment composés de bénévoles et faiblement organisés, tandis que d'autres sont plus ou moins institutionnalisés et professionnalisés. Leurs stratégies sont publiques, interventions médiatiques, publications, colloques, manifestations, afin de hâter la mise sur agenda des problèmes qu'ils soulèvent. Par opposition d'autres groupes défendent un intérêt particulier, tantôt financier, tantôt professionnel. Leur taille va des grandes sociétés multinationales ou nationales (industriels de la pétrochimie, industrie pharmaceutique, fabricants d'armes), à des organisations professionnelles (avocats, syndicats de surveillants pénitentiaires, syndicats policiers, compagnies d'assurances automobiles) ou d'usagers (organisations de défense des automobilistes, des chasseurs). Leur stratégie d'action est rarement visible et publique. Elle s'exerce auprès des parlementaires ou de la haute administration, voire de l'exécutif. Leur pression a pour objectif de faciliter ou de retarder la mise sur agenda d'une réforme, de peser sur la phase de mise en forme juridique d'un texte voire d'en empêcher l'application.

Les médias ont une capacité considérable à soutenir ou à occulter certaines revendications en concordance avec leurs idées ou leurs intérêts. Ils exercent un pouvoir réel sur la construction de l'image du personnel politique, sur la sélection des informations qu'ils traitent, sur la fabrication des problèmes sociaux, leur mise sur agenda et même sur les règles du jeu judiciaire. Mais leurs messages ne s'impriment pas sur la cire molle d'une société sans défense. Les entreprises médiatiques, souvent aux mains de chevaliers d'industrie ou de financiers, soumises à des impératifs économiques et de conquête de parts de marché, peuvent être instrumentalisées par les lobbies, les politiciens ou les organisations citoyennes.

Il tombe sous le sens que le gouvernement qui propose les lois et les parlementaires qui les votent ont un rôle décisif dans l'adoption d'un modèle normatif. La suppression en France de la peine de mort et des juridictions d'exception en 1981 constitue l'exemple le plus édifiant de l'influence du pouvoir politique. De façon moins visible, cette influence est prépondérante dès lors que certaines lois touchent à ses pouvoirs ou à ses responsabilités. L'exemple des multiples réformes de la loi sur la détention provisoire, épousant les vicissitudes de la mise en examen par les juges d'instruction de certains membres de la classe politique, l'illustre parfaitement. Même si l'existence d'une majorité parlementaire stable et homogène laisse présager une politique cohérente, nombreuses sont les tensions existantes à l'intérieur des formations politiques sur les questions pénales. La recherche d'un équilibre entre les nécessités de l'ordre public et celles de la protection des libertés individuelles est délicate, et ne peut s'ordonner simplement en fonction des clivages partisans. Le bras de fer récurrent sous plusieurs gouvernements français entre le ministère de la Justice et le ministère de l'Intérieur à propos de la modification de l'ordonnance de 1945 sur l'enfance délinquante le montre clairement.

Mais si les acteurs politiques ont eu longtemps un rôle majeur dans le processus normatif, leur influence est d'autant moins marquée que la capacité d'action des parlementaires est érodée. Car c'est de plus en plus souvent sur la scène technocratique que s'organise la production normative[6]. L'essentiel des textes pénaux ne figurent pas dans le Code pénal mais apparaissent par décret et sans contrôle démocratique dans des législations techniques éparses. Les réformes

6. P. Lascoumes, *op. cit.*

sont généralement conçues par de hauts fonctionnaires souvent membres des cabinets ministériels. On a ainsi pu mesurer en France le rôle déterminant joué par les ingénieurs des Mines dans le contenu des lois sur l'environnement, celui des ingénieurs des Ponts et Chaussées sur les dispositions du Code de la route, celui des membres des cabinets des ministères de la Santé et de la Justice dans l'élaboration de la loi sur la toxicomanie. La législation pénale contemporaine serait donc majoritairement une réglementation au service de la gestion administrative des problèmes sociaux, réalisée par des services segmentés obéissant à des cultures ministérielles ou professionnelles dont le poids est d'autant plus prégnant que la dimension technique de la norme considérée est avérée.

Il semble naturel de considérer comme éminent le rôle des criminologues dans le processus normatif. Pourtant leur communauté épistémique[7], rassemblée autour de revues, d'associations, de colloques nationaux et internationaux, est souvent mise à l'écart du travail de réforme. Ils effectuent plutôt un travail de « police symbolique », pour reprendre l'expression de Pierre Bourdieu, de préparation à long terme des esprits à l'adaptation des découvertes scientifiques. On a pu mesurer le poids des magistrats ou des avocats, dès lors qu'ils sont en capacité d'élaborer une stratégie unitaire, dans l'effectivité ou plus souvent encore l'ineffectivité des réformes. On peut aussi noter que les professions judiciaires, et dans une moindre mesure les universitaires, sont largement représentées dans les commissions d'experts qui préparent les réformes. On a souligné à ce propos le poids du courant de la défense sociale nouvelle sur toutes les réformes pénitentiaires françaises de 1945 à 1975. On doit également évoquer

---

7. S. Enguéléguélé, *Les politiques pénales*, Paris, L'Harmattan, 1998.

le rôle conséquent joué par les parlementaires de formation juridique au sein de la commission des lois. Pourtant, le « temps politique » raréfie l'occurrence d'une longue maturation des réformes pénales où les experts pourraient donner libre cours à leur compétence. La nécessité de compromis politiques tout comme les procédures d'arbitrage entre secteurs ministériels concernés érodent souvent les belles constructions théoriques imaginées par les juristes. Leur rôle le plus effectif et sans doute le moins visible s'exerce en tant que conseillers du prince, ou dans la manière de mettre en forme les textes législatifs et leurs décrets d'application.

En définitive, rare est le cas dans lequel une disposition pénale est le fruit délibéré du seul pouvoir politique en place qui, par un coup de force, imposerait sa vision d'un problème. Dans l'écrasante majorité des études consacrées à ce thème, on observe plutôt une interaction entre divers acteurs « intéressés » qui négocient, ou plus justement qui « bricolent » des compromis leur procurant à chacun une satisfaction minimale. C'est la rencontre de visions du monde ou d'intérêts compatibles entre les acteurs impliqués qui favorise une dynamique d'incrimination. Avatar du principe représentatif, le grand public est loin de ces jeux institutionnels auxquels il n'a pas accès, même si des groupes citoyens organisés peuvent, par des alliances subtiles, avoir parfois voix au chapitre.

Les fonctions de la norme pénale

Cette typologie permet non seulement de démasquer les apparences du mécanisme de l'incrimination mais aussi de mesurer l'effectivité des dispositions pénales. Car de la façon plus ou moins cohérente ou conflictuelle dont elles ont été accouchées dépendra leur mise en œuvre. Gardons-nous cependant de penser que tous les textes législatifs ou réglementaires ont pour objectif d'être appliqués. On distingue généralement entre les fonctions instrumentales et symboliques d'une norme. Les premières peuvent être mesurées – l'obligation du port de la ceinture de sécurité a diminué le nombre de décès dus à des accidents d'automobile –, tandis que les secondes ont une dimension plus abstraite. Ainsi, tout interdit pénal a pour objectif de fixer de manière pédagogique et structurante des limites à ne pas franchir. Il n'a pas l'ambition d'éradiquer les transgressions mais d'affirmer clairement le principe de la responsabilité de leurs auteurs et de poser les bases d'un pacte social, d'imposer un principe d'organisation du monde face au chaos. Ces deux aspects symboliques et instrumentaux entretiennent des relations complexes qu'on peut schématiquement évoquer en distinguant quatre cas de figures.

Fonctions instrumentales

	+	–
+	1. congruence	2. norme magique
–	3. norme technique	4. désuétude

Fonctions symboliques

1. Dans certains cas, comme la répression pénale de la criminalité violente à l'égard des personnes, effets instrumentaux et symboliques semblent coexister et se renforcer mutuellement. L'effet instrumental est d'assurer la protection de la vie et de l'intégrité physique des victimes potentielles, l'effet symbolique est de rappeler sans cesse la valeur fondamentale de la vie humaine et de resserrer les liens sociaux autour de cette valeur. Plus la certitude du châtiment est grande, plus s'accroît la fonction symbolique. Plus

l'exigence de protection de la vie des individus est sacralisée, plus la loi sera intensément appliquée.
2. Dans le cas de figure de fonctions symboliques réelles et de fonctions instrumentales nébuleuses, le pouvoir se préoccupe de répondre à un stimulus social, le plus souvent de rassurer le public face à un danger réel ou supposé, révélé par un incident spectaculaire et mis en scène par les médias. L'action législative apparaît comme une réaction instinctive à une situation plus que le fruit de la raison. Je parle de droit pénal magique pour évoquer ces cas dans lesquels la loi n'a pas vocation à être appliquée ou l'est avec parcimonie mais de façon spectaculaire. Les exemples de ce type sont légions concernant les lois sur la protection de l'environnement suite à un accident industriel ou au naufrage polluant d'un bateau transportant des hydrocarbures, ou encore s'agissant des législations sécuritaires sur le contrôle de l'espace public et des populations « à risques » qui se sont succédé depuis les années 1990 dans les pays occidentaux. Ce type de stratégie politicienne à court terme représente un des moyens les plus prisés par les gouvernants pour montrer qu'ils s'occupent d'un problème. Les séquences de ces politiques pénales « compassionnelles » s'enchaînent généralement de la même façon :
– Mise en lumière d'un fait divers, forme dominante de l'information qui forge des représentations du monde.
– Diffusion par les dirigeants politiques d'un discours émotionnel, aucunement distancié, généralement situé du point de vue des victimes potentielles, qui déclare une guerre impitoyable au crime et affirme que « la justice passera » et, en dépit de la séparation des pouvoirs exécutifs et judiciaires, que les auteurs seront sévèrement punis.

– Organisation de rituels de compassion (déplacement des responsables politiques les plus haut placés sur les lieux du crime, réception des victimes à la présidence ou visite des victimes à leur domicile, cérémonies d'affliction, marches et manifestations) qui créent des communautés fusionnelles neutralisant les opinions divergentes, car on ne peut qu'être indigné par un lâche assassinat ou les sévices exercés sur des enfants.
– Formulation immédiate d'une proposition de loi afin que ce type de fait ne se reproduise plus.
– Mise sur agenda rapide de la proposition.
– Vote médiatisé d'un texte de loi par le Parlement.
– Décrets d'application généralement inexistants ou longs à être promulgués.
– Absence de ligne budgétaire pour mettre en application la loi.

Quand tous ces indicateurs sont réunis on se trouve, sans conteste, en présence d'une stratégie compassionnelle qui n'a pas vocation à rechercher l'effectivité de la loi. Car il arrive souvent que « l'opinion » s'apaise par simple effet d'annonce et par le jeu des rituels de compassion sans que la phase législative soit engagée.

3. L'existence d'une dissociation entre fonctions symboliques et instrumentales de la norme pénale est caractéristique des normes à caractère technique. Le droit s'adapte à des évolutions technologiques, économiques ou sociales, dans les domaines de l'informatique, des communications, des finances, des transports, de l'environnement…, par des dispositions obéissant à une certaine fonctionnalité. Le plus souvent réglementaires et ne concernant que des aspects très particuliers de la vie sociale, elles ont une valeur instrumentale certaine mais une visibilité publique réduite.

4. La perte de la valeur symbolique et de la portée instrumentale d'une loi est la marque de sa désuétude. Sans application effective, déconnectée des préoccupations sociales dominantes, elle devient sans objet.

Les modèles de réponse pénale

La politique pénale ne se résume pas à édicter des lois. Elle consiste également à concevoir et à mettre en œuvre des stratégies de prévention de la délinquance ou à imaginer des modes de régulation des conflits, pénaux qui ne sont pas nécessairement judiciaires. À une conception moniste de la régulation des conflits, la sociologie propose de substituer une conception pluraliste prenant en considération la coexistence de plusieurs systèmes normatifs formels ou informels en interaction. En se cantonnant aux modes judiciaires institutionnalisés de règlement des conflits pénaux, on peut distinguer quatre logiques qui ne sont pas exclusives les unes des autres mais peuvent se combiner ou se succéder chronologiquement.

Modèles de traitement des conflits pénaux

	Punitif	*Réhabilitatif et thérapeutique*	*Réparatif*	*Restauratif*
Objet	Culpabilité	Besoin	Préjudice	Conflit
Focale	Auteur	Auteur	Victime	Relation
Processus	Imposé	Imposé/ accepté	Imposé/ accepté	Négocié
Solution	Punition	Aide	Réparation	Accord/ pacification

Le *modèle punitif* correspond à la réponse pénale traditionnelle. L'État se doit de châtier de façon visible et théâtrale les transgressions à l'ordre social. Cette fonction symbolique se veut dissuasive et pédagogique. La réponse sociale à la transgression s'exerce dans une relation verticale, sans que le prévenu y soit associé, par l'octroi d'une punition. La responsabilité pénale est avant tout conçue comme une responsabilité individuelle. La victime est généralement tenue à l'écart d'un processus dans lequel elle est considérée au mieux comme un témoin au service de l'accusation.

Les *modèles réhabilitatif et thérapeutique* considèrent le délinquant comme une victime de ses conditions de vie ou de troubles pathologiques. À ce titre il se doit d'être soutenu et aidé. Le modèle réhabilitatif se construisit lentement à partir de la fin du XIXe siècle par la rencontre de la justice des mineurs et du travail social naissants. Il s'appuie sur le principe humaniste d'une possibilité de rédemption pour des délinquants desservis par de mauvaises conditions de socialisation et que l'on peut, par un accompagnement adéquat, conduire sur le chemin de l'adaptation sociale[8]. Ce modèle, focalisé sur l'auteur de l'infraction, sera dominant pour le traitement de la déviance juvénile depuis la fin du second conflit mondial jusqu'aux années 1980. Mais le désenchantement de nombreux chercheurs et pédagogues sur l'efficacité des programmes éducatifs, ajouté à l'apparition de logiques d'action centrées sur des rationalités budgétaires, en réduira progressivement l'ampleur.

Le modèle thérapeutique, apparu dans l'entre-deux-guerres, propose un traitement du délinquant et

---

8. J. Faget, *Justice et travail social. Le rhizome pénal*, Toulouse, érès, 1992.

poursuit l'objectif de le guérir. Fidèle à l'idéologie médicale il exige l'adhésion de la personne même si le caractère conditionnel (pour éviter une sanction répressive) de certaines obligations de soins en limite la part. Ce modèle s'inscrit dans un courant de pensée qui relativise le rôle du libre arbitre dans le comportement humain et croit aux vertus transformatrices d'un savoir scientifique neutre et objectif, face à un pouvoir punitif dépendant de contingences politiques et sociales. Cette médicalisation de la réponse pénale illustrée par la célèbre formule de Michel Foucault évoquant l'avènement d'une « justice en blouse blanche[9] », s'illustra par le développement des thérapies comportementalistes ou le transfert aux instances médicales de la régulation des conduites toxicomaniaques. Mais son impact apparaît aujourd'hui relativement limité au regard des problèmes soulevés par la mise en exergue des violences et abus sexuels, et le nombre de détenus atteints de troubles mentaux ne faisant l'objet d'aucun suivi psychiatrique. On peut l'analyser comme une résistance face à un arbitraire médical, dont on a pu mesurer l'ampleur dans les régimes autoritaires, susceptible de menacer les droits des personnes, mais aussi comme la marque d'un doute sur les performances de la science souvent impuissante à identifier certaines pathologies et à en réduire les effets.

Le *modèle réparatif* est orienté vers la réparation du préjudice causé à la victime. Certes, l'auteur peut être associé à la recherche d'une solution mais derrière les jeux de la négociation pèse toujours sur lui la menace de la contrainte pénale. C'est un modèle bureaucratique qui se caractérise par une monétarisation de la

---

9. M. Foucault, *Surveiller et punir. Naissance de la prison*, Paris, Gallimard, 1975.

réaction pénale et le recours massif à des techniques de transaction dans des domaines aussi variés que le contentieux de la route, des impôts, du droit du travail, de la concurrence et des prix, de la consommation… À côté du modèle punitif qui s'adresse à une délinquance d'inadaptation et procède par exclusion, celui-ci concerne une clientèle socialement adaptée et procède par inclusion. Dans ce cadre, ce sont le banquier ou l'inspecteur du travail qui apprécient l'opportunité des poursuites. La peine est remplacée par une mesure de contrôle préventif (amélioration des installations), réparatrice (remise en état), sanctionnatrice (interdiction temporaire) et la morale disparaît au profit d'une obligation de faire[10]. Les relations entre modèles punitif et réparatif sont de complémentarité. Le pénal sert de ligne d'appui aux régulations administratives qui utilisent la menace d'une intervention judiciaire comme nerf de leur action. Il n'intervient qu'en dernier recours pour réprimer les récalcitrants multirécidivistes ou pour faire des exemples alors largement médiatisés.

Le *modèle restauratif*[11] se démarque des modèles précédents dans la mesure où son propos est principalement de régler le conflit opposant des personnes ou des groupes. Il ne se préoccupe pas d'attribuer des raisons et des torts, de rechercher et de produire une vérité judiciaire, mais s'attache à restaurer un équilibre rompu. Bien que sous contrôle pénal (mais les médiations communautaires ou citoyennes déve-

---

10. C. Barberger, P. Lascoumes, *Le temps perdu à la recherche du temps pénal. Les changements en droit pénal administratif comme mode de changement du droit pénal*, Paris, Gapp-CNRS-ministère de la Justice, 1991.
11. Voir R. Cario, P. Mbanzoulou (sous la direction de), *La justice restaurative. Une utopie qui marche ?*, Paris, L'Harmattan, 2010 ; G. Johnstone, Daniel W. Van Ness (sous la direction de), *Handbook of Restorative Justice*, Cullompton, William Publishing, 2007.

loppées en dehors des tribunaux traitent un nombre important de conflits présentant un caractère pénal), sa nature est relativement horizontale puisque ce sont les intéressés au conflit qui tentent eux-mêmes, avec l'aide d'un tiers indépendant, impartial et sans pouvoir de décision, d'y trouver une solution. Le magistrat n'intervient que pour homologuer les engagements pris, authentifier un accord éventuel. Ce processus négocié rompt avec les réponses punitives mais aussi les réponses médicales ou sociales fondées sur une relation d'aide et d'accompagnement. Aucun travail sur les individus n'est entrepris ici, puisque c'est le lien entre les personnes ou les groupes qui est l'objet central. Ce nouveau paradigme conçoit l'infraction avant tout comme une offense contre les personnes et non contre l'État, concentre son action sur leurs besoins concrets et leur comportement futur, et considère que le mal perpétré par l'offenseur ne doit pas, comme dans le système punitif, être compensé par le mal qu'on lui inflige mais par un acte positif qu'il s'engage à réaliser en contrepartie et dont il a contribué personnellement à fixer la nature. Les programmes que l'on range sous la bannière de la justice restaurative sont la médiation pénale *(victim offender mediation)*, les conférences communautaires ou familiales *(community or family conferencing)* ou les cercles de détermination de la peine *(sentencing circles)*. La médiation en constitue l'application la plus fréquente.

Au-delà de ces quatre modèles institutionnels de réponse pénale, existent d'autres jeux normatifs. Il faut probablement cesser d'analyser l'ensemble du contrôle social sur les comportements de nature pénale à partir du seul système pénal. Car à côté des réponses formelles se développe un modèle rhizomatique[12] relativement complexe. La métaphore du rhizome illustre l'existence d'un contrôle social luxuriant où le rôle de la racine pénale est encore symboliquement puissant, mais instrumentalement occulté par le développement de modes alternatifs de régulation portés soit par d'autres institutions, soit par la communauté. Il en résulte un émiettement du centre de pouvoir étatique en raison de la déclinaison de plus en plus décentralisée (sur le plan régional ou local) des politiques pénales, mais aussi un brouillage des frontières entre la sphère publique et une sphère privée de plus en plus influente. Les innombrables programmes sociaux de prévention de la délinquance pilotés et financés par différents ministères (Santé, Jeunesse et Sports, Ville…), le nombre considérable de projets de traitement de l'insécurité mis en œuvre par les communes, les administrations, les entreprises, la privatisation croissante de l'intervention pénale à travers l'essor spectaculaire des services de sécurité privée, l'activisme du mouvement associatif (soutien aux victimes, réinsertion des délinquants, médiations communautaires…), représentent des indicateurs de cette évolution et justifient d'étendre l'analyse des politiques pénales bien au-delà des frontières de la norme pénale ou du système pénal.

LES MUTATIONS CONTEMPORAINES DES POLITIQUES PÉNALES

Les politiques pénales évoluent le plus souvent de manière non linéaire, mais s'appuient sur quelques fondamentaux qui ne varient guère. Ce noyau dur est composé du devoir de punir, en vertu du monopole de la violence physique légitime conféré à l'État, de

12. J. Faget, *op. cit.*

l'imposition de peines en réponse à un comportement considéré comme préjudiciable à l'ordre social. L'objet de l'institution répressive reste, selon l'expression de Nils Christie[13], « la livraison intentionnelle de la douleur ». « Le mot "pénal" est étroitement relié à la douleur. [...] ce droit devrait fondamentalement s'appeler "droit du mal". [Mais les] professeurs de droit pénal n'aiment pas du tout être désignés sous le nom de professeurs de "droit du mal". Les juges n'aiment pas condamner les gens au mal. Ils préfèrent les condamner à des "mesures" diverses. Les institutions chargées de l'exécution de la peine n'aiment pas être considérées ou se considérer comme des institutions "d'infliction du mal". Pourtant, une telle terminologie contribuerait solidement à la diffusion d'un message très précis : la peine, administrée par le système de justice pénale, consiste en l'infliction consciente d'une douleur. Ceux qui sont punis sont supposés souffrir. S'ils jouissaient d'une manière ou d'une autre de la punition, nous changerions de méthode. Les institutions pénales soutiennent le projet de fournir aux destinataires de la sanction quelque chose qui les rend malheureux et les blesse ». Pour Zygmunt Bauman les politiques pénales, alors qu'elles ont de nombreuses autres fonctions dont le fait de définir un ordre, de faire société autour de valeurs présentées comme communes, servent à « l'entretien des peurs officielles[14] » dans des sociétés d'incertitude « liquides » où les États ont renoncé à gérer les biens communs et à contrôler l'économie, pour se focaliser sur la gestion des peurs dont les immigrés, les pauvres, les délinquants, les chômeurs

---

13. N. Christie, *Au bout de nos peines*, Bruxelles, Larcier, 2005.
14. Z. Bauman, *Le présent liquide. Peurs sociales et obsession sécuritaire*, Paris, Le Seuil, 2007.

de longue durée, les démunis, les réfugiés sans papiers et sans droits, sont les réceptacles. La politique pénale aurait, dans cette perspective, une mission de « traitement des déchets humains », marginalisés par l'économie de marché et relégués dans des ghettos urbains considérés comme menaçants et suscitant une « mixophobie » croissante, dont la multiplication des communautés fermées et des technologies de surveillance et de protection est la marque.

Mais cette vision des politiques pénales peut sembler réductrice car si, de fait, les incriminations se multiplient, les procédures se technicisent, le pouvoir des procureurs s'accroît, les durées d'emprisonnement s'allongent, en même temps les droits des détenus et des victimes progressent, les peines se diversifient, les partenariats avec la société civile et le secteur privé fleurissent. La question de savoir si ces mutations sont de nature à changer la logique du système reste débattue. Quand certains veulent y voir le signe de recompositions rhizomatiques certes aléatoires mais susceptibles d'apporter un peu de néguentropie à un système asphyxié et saturé par ses impératifs de gestion[15], d'autres, comme Teubner, pensent que les innovations ont pour principale fonction de faire respirer des institutions rongées par l'entropie mais qu'elles n'en changent pas la nature car tout discours exogène (expertal, social…) est réinterprété, de façon autoréférentielle, dans une logique propre à l'institution judiciaire qui le vide de sa substance pour le reconstruire selon ses nécessités fonctionnelles[16].

De fait, des dynamiques de changement sont à l'œuvre mais dans un « flou » qui ne permet pas d'en

---

15. J. Faget, *op. cit.*
16. G. Teubner, *Le droit, un système autopoïétique*, Paris, Puf, 1993.

comprendre clairement la portée[17]. On évoquera rapidement quelques axes de transformation, qui n'épuisent pas la question de l'innovation judiciaire, mais tracent des pistes fécondes de réflexion comme la transformation de la pénalité, l'irruption d'exigences de management, le nouveau registre d'interprétation assigné aux acteurs, auteurs et victimes, du théâtre pénal.

Les transformations de la pénalité

Le constat d'une explosion carcérale s'observe dans toutes les démocraties occidentales. Nils Christie parle du développement d'une « industrie de la punition », d'un « marché de la peine » *(pain market)*[18] d'autant plus « intéressant » que le système répressif se privatise. Si l'on y ajoute ce que Dan Kaminski nomme les « diversifications », autrement évoquées sous le terme optimiste d'alternatives à l'emprisonnement, le contrôle pénal ne cesserait de se renforcer. En effet, dit-il, « les alternatives dites de la seconde génération, telles que la peine de travail (ou la surveillance électronique), ne sont plus destinées et/ou utilisées à se substituer aux peines plus lourdes mais à graduer plus finement la livraison intentionnelle de la douleur et à en assurer une progressivité accrue[19] ». La pénalité, et son phare qu'est la prison, ne s'embarrasse désormais plus de justifications, elle s'impose, au nom du sens

17. Y. Cartuyvels, D. Kaminski, « Bougés et flous du pénal », dans Y. Cartuyvels, F. Digneffe, A.P. Pires, P. Robert (sous la direction de), *Politique, police et justice au bord du futur. Mélanges pour et avec Lode Van Outrive*, Paris, L'Harmattan, 1998.
18. N. Christie (1991), *L'industrie de la punition. Prison et politique pénale en Occident*, Paris, Autrement, 2003.
19. D. Kaminski, *Pénalité, management, innovation,* Presses universitaires de Namur, 2010.

commun, comme le rempart naturel au désordre et à l'insécurité, la nécessité d'empêcher de nuire les individus considérés comme dangereux. Les vieilles utopies du *penal welfarism* ont cédé face à l'invasion de la doxa néolibérale. Les alternatives éducatives de première génération (probation, libération conditionnelle, contrôle judiciaire socio-éducatif) recherchaient la resocialisation ou le traitement des condamnés en cherchant à éviter le choc dévastateur des courtes peines d'emprisonnement. L'objectif de transformation des individus et de leurs trajectoires sociales n'est désormais plus considéré comme réaliste. On lui préfère des mesures de contrôle qui, à court terme, s'avèrent plus « rentables » politiquement. L'hégémonie du principe de précaution dans les politiques publiques conduit à neutraliser tous ceux dont la science ne sait plus nous dire avec certitude s'ils sont ou non dangereux, malgré l'usage d'outils actuariels dont la légitimité est discutée. Dans le doute, le système adopte la plus grande prudence et va jusqu'à imaginer des suivis judiciaires au-delà même du terme des pénalités accomplies. La culture de la peur, corrélative de l'individuation des modes de vie et de la crise des solidarités, qui s'empare de nos sociétés contemporaines, conduit l'État à surinvestir son rôle punitif et protecteur, masquant ainsi son incapacité à réguler le cheval fou de l'économie mondialisée et à fixer des valeurs qui rassembleraient les citoyens autour d'un projet unificateur. Ainsi tente-t-il, dans un monde de plus en plus déterritorialisé, subverti par les mobilités d'idées, d'images, de capitaux, et d'individus, de conserver une légitimité bien menacée.

La justice des mineurs résiste à cette évolution. Son histoire est en effet traversée par des dynamiques spécifiques qui tiennent à l'histoire du champ[20], à la place importante conférée aux juges des enfants et à la priorité donnée aux mesures éducatives par rapport aux sanctions répressives. Mais le système juridico-éducatif imaginé dans les années d'après-guerre connaît lui aussi une crise. Il ne serait plus adapté à la régulation des comportements d'une jeunesse en mal d'adaptation, de plus en plus violente, peu insérable par le travail et donc largement inactive, marquée par la ghettoïsation de ses lieux d'habitation. Du coup la justice des mineurs est secouée par une tension très forte entre deux modèles dont la philosophie et les pratiques sont parfois présentées comme antinomiques. D'un côté, le modèle traditionnel axé sur un principe de tolérance vis-à-vis des déviances juvéniles, soucieux de ne pas stigmatiser une phase naturelle d'expérimentation des limites, organisé autour d'un objectif d'intégration des jeunes dans la société salariale par des réponses éducatives à long terme, repose sur la figure mythique du juge des enfants entouré par ses éducateurs. À ce modèle s'oppose un modèle dit « réaliste » soucieux de gérer les tensions sociales. Il propose des modes de normalisation plus ardents, telle la systématisation des réponses aux transgressions sur le modèle nord-américain de la politique dite « de tolérance zéro », actions structurantes à court terme pouvant prendre fréquemment le visage de l'éloignement ou de l'enfermement. La police et le procureur en sont les figures de proue. Le conflit politique et culturel entre ces deux modèles[21] bouscule pour

---

20. F. Bailleau, *Les jeunes face à la justice pénale. Analyse critique de l'ordonnance de 1945*, Paris, Syros, 1996 ; J.-M. Renouard, *De l'enfant coupable à l'enfant inadapté. Le traitement social et politique de la déviance*, Paris, Le Centurion, 1990.

21. P. Milburn, *Quelle justice pour les mineurs ? Entre enfance menacée et adolescence menaçante*, Toulouse, érès, 2009.

l'instant les identités professionnelles des éducateurs et des juges pour enfants[22], et entrave la recherche d'un modèle intermédiaire, s'inspirant par exemple du *restorative model*, qui déplacerait le centre de gravité des interventions éducatives ou répressives (le mineur) sur la reconnaissance des victimes, la mise en communication des protagonistes et la participation de la communauté.

L'irruption d'une doxa managériale

L'introduction de la rationalité gestionnaire dans un système pénal longtemps préoccupé de prestations symboliques de nature morale, se traduit par l'apparition d'une triple injonction de productivité, d'efficience et de service à la clientèle[23]. Le souci de la performance l'emporte désormais sur toute autre raison procédurale ou philosophique. Il faut rendre plus rapidement la justice, accélérer les procédures, en systématiser l'usage par l'informatisation des différentes séquences et l'utilisation de *guidelines* pour les jugements, délester la gestion des contentieux de masse sur d'autres partenaires ou en routiniser au maximum le traitement. L'objectif est de réduire la part des mesures les plus consommatrices de temps, d'énergie et/ou de finances comme les suivis éducatifs, les médiations, les expertises, les enquêtes sociales… La fluidification du traitement des dossiers est désormais le référentiel dominant de l'activité judiciaire. Son poids est le plus sensible au stade du parquet, gare de triage des plaintes, dont les orientations procédurales surdéterminent la nature des décisions

22. B. Bastard, C. Mouhanna, *L'avenir du juge des enfants. Éduquer ou punir ?*, Toulouse, érès, 2010.
23. D. Kaminski, *op. cit.*

et sanctions qui seront prises en aval. Enfin, la prise en considération du « client », consommateur de prestations juridiques, conduit à améliorer l'accueil au public dans les tribunaux et à « travailler », par des stratégies d'ouverture des locaux et de médiatisation des activités, l'image sociale d'un système traditionnellement opaque, lointain et redouté.

La transformation du rôle des acteurs

Le système pénal assigne à ses clients, auteurs et victimes, de nouveaux rôles. Il exige des auteurs davantage de responsabilisation en recueillant leur consentement aux mesures (médiation, réparation) ou aux peines « alternatives » (travail, surveillance électronique) qu'il leur propose. Comme le dit Kaminski ce principe de responsabilisation « laisse entendre que le justiciable a bien souvent à prendre en main non seulement la charge de la peine mais aussi celle de lui donner sens[24] ». Cette dynamique sociale appelle chacun à faire des choix là où, auparavant, de nombreux aspects de l'existence relevaient de coutumes et de normes sociales imposées[25]. C'est toute une conception de l'organisation des rapports sociaux qui exercerait ainsi une pression sociale sur les individus afin qu'ils prennent des décisions et s'engagent[26]. Cette injonction permanente à la responsabilité, à être soi-même, ne serait pas sans risque pour des individus en pleine insécurité identitaire et qui n'auraient pas les capacités de relever ce défi. L'éthique des

24. *Ibid.*
25. A. Giddens, *Les conséquences de la modernité*, Paris, L'Harmattan, 1994.
26. U. Beck, *La société du risque. Sur la voie d'une autre modernité*, Paris, Aubier, 2001.

programmes de médiation et de justice restaurative illustre parfaitement ces dynamiques. Elle consacre le glissement d'un imaginaire juridique adossé à des valeurs collectives, à un imaginaire démocratique qui donne à chacun la possibilité d'être producteur de droit. Les conflits ne doivent pas être réglés par rapport à une norme transcendante (prêt-à-porter juridique) mais par un accord conclu entre leurs protagonistes (sur mesure juridique)[27]. Considérer que chacun est en mesure de devenir son propre législateur représente naturellement une subjectivisation de la norme, les acteurs sociaux reconstruisant par une éthique de la discussion des significations que les mythologies normatives ne leur fournissent plus[28]. On pourrait alors imaginer un avenir pénal où les normes contraignantes ne s'appliqueraient qu'aux récalcitrants n'ayant pas respecté leur propre engagement et aux inaptes à l'autoassujettissement.

Les victimes, grandes oubliées de la construction de la rationalité pénale moderne, apparaissent depuis les années 1980 dans la réalité judiciaire. Cette irruption prend plusieurs formes : incriminations nombreuses sous l'effet de l'activisme de lobbies efficaces, octroi de droits pour activer les procédures pénales, amélioration de dispositifs d'accueil et de prise en charge, développement de réseaux d'aide aux victimes assurant un portage juridique et psychologique, systèmes d'indemnisation de plus en plus efficients… Mais si ces avancées permettent aux victimes de clamer leurs souffrances, leur indignation et d'accéder à une reconnaissance sociale, elles soulèvent cependant quelques inquiétudes. Car la cause des victimes est largement

---

27. J. Faget, *op. cit.*, 1997.

28. J. Faget, *Médiations. Les ateliers silencieux de la démocratie*, Toulouse, érès, 2010.

instrumentalisée par de nombreux gouvernements qui, pour masquer leur impuissance à organiser les relations sociales, développent des politiques pénales « populistes[29] » dont la fonction est de changer non pas la réalité mais l'image de la réalité. Ce populisme victimaire se traduirait par l'unification de l'opinion autour d'une victime magnifiée, le rejet de tous les experts face à la prévalence du sens commun, une pulsion généralisatrice qui, à partir d'une indignation particulière, forge des jugements globalisants sur les populations à risques, la suspicion envers la justice entretenue par les pouvoirs politiques eux-mêmes, enfin une clôture idéologique qui justifie le recours à une répression accrue de criminels présentés comme ayant trop de droits et insuffisamment châtiés[30]. Le risque d'une telle politique est l'élargissement du « cercle de la plainte à l'infini » et la fabrication de « sociétés de plaignants ». Cette focalisation ne serait pas de nature à améliorer le sort des victimes réelles car « les messagers bruyants de la victime invoquée étouffent la voix de la victime singulière[31] ».

29. D. Salas, *La volonté de punir. Essai sur le populisme pénal*, Paris, Hachette, 2005.
30. D. Kaminski, *op. cit.*
31. D. Salas, *op. cit.*

8
La sociologie du travail pénal

Le culte du secret qui prévalait au sein des institutions répressives et la résistance de leurs acteurs ont longtemps entravé tout travail de recherche. Le système judiciaire restait une boîte noire et il était iconoclaste de vouloir en connaître le fonctionnement. Ce sont les travaux ethnométhodologiques qui, les premiers, ont désacralisé les modes opératoires des instances policières et judiciaires. Par une observation minutieuse des microdécisions qui scandent le quotidien de l'activité, des routines mises en œuvre, ils ont mis au jour la façon dont les acteurs interprètent leurs rôles et gèrent les contraintes qu'ils rencontrent. Un tel point de vue nécessitait de se démarquer des discours institutionnels pour analyser l'expérience vécue par les policiers, magistrats, travailleurs sociaux, délinquants, avocats, greffiers…, qui interagissent tout au long du processus pénal.

Le système judiciaire ne s'autoapprovisionne pas. Hormis le cas du flagrant délit policier, il est le réceptacle des demandes sociales qui lui sont adressées. La vie d'un conflit dépend des choix stratégiques qu'en font les acteurs. Il existe grosso modo trois types principaux de régulation des conflits : la force (guerre, violence, menace), le dialogue (négociation, conciliation, médiation, qui recherchent un consensus) ou l'adjudication (système codifié de normes en vertu duquel un juge ou un arbitre attribue des raisons et des torts). Dans ce dernier cas deux voies sont possibles, la voie civile et la voie pénale. On peut aisément en déduire que le contentieux pénal ne représente qu'une minime partie de la conflictualité sociale et que le choix de cette voie, pour de multiples raisons qui seront abordées plus loin, ne ressortit pas de l'évidence.

Le travail pénal commence par la phase policière qui précède la phase judiciaire. Les propos qui suivent adopteront cet ordre chronologique avant de se clore par la présentation des évolutions contemporaines du travail pénal.

Le travail des forces de police et de sécurité

La définition et la délimitation du travail policier sont plus complexes qu'il y paraît, et ce, pour au moins trois raisons. La première est qu'il existe une grande variété de forces de sécurité. Pour le cas français, à côté de la police nationale, dépendante du ministère de l'Intérieur, et de la gendarmerie, dépendante du ministère de la Défense nationale, se sont beaucoup développées les polices municipales, dépendantes des élus, ainsi que le secteur marchand de la sécurité privée. Ce pluralisme des forces de police que l'on observe, à des degrés divers, dans tous les pays occidentaux, rend difficile l'analyse des politiques de sécurité. Une deuxième raison tient à l'émergence, dans les années 1990, du concept de coproduction de la sécurité. L'association de nombreux partenaires aux moyens légitimes et financiers variés, préfets, procureurs, élus, transporteurs publics et privés, associations de commerçants, directeurs d'établissements scolaires, sociétés gestionnaires de logements sociaux, associations d'habitants, oblige le sociologue à développer une vision systémique large du *policing*. Enfin, une troisième raison vient complexifier sa tâche. Nous assistons à un processus de privatisation susceptible de remettre en cause le traditionnel monopole étatique de la sécurité[1]. Le poids croissant des entreprises privées dans la production de la sécurité et l'intégration sensible des règles du *new public management* dans l'organisation policière en sont les signes les plus tangibles. Cette évolution n'est pas subie par l'État. Tout fonctionne en effet comme s'il se réservait les tâches les plus nobles (par exemple la recherche des criminels) ou les plus visibles (la répression des atteintes spectaculaires à l'ordre public), déléguait à d'autres agents la sécurité des espaces publics hybrides (comme les centres commerciaux) et laissait aux gestionnaires des espaces privés le soin d'organiser leur propre sécurisation.

L'investigation sur les forces de police épouse les évolutions économico-politiques. À la mondialisation des échanges économiques et à la construction d'un ensemble politique européen font suite des recherches sur la difficile construction d'une police supranationale[2]. Les phénomènes de décentralisation des pouvoirs politiques induisent en outre la nécessité d'explorer les polices régionales ou locales. On évoquera par exemple la focalisation anglo-saxonne sur le *community policing*[3] constatant la crise de légitimité du modèle d'une « police professionnalisée »

---

1. F. Ocqueteau, *Polices entre État et marché*, Paris, Presses de la fondation nationale des sciences politiques, 2004.
2. D. Bigo, *Polices en réseaux : l'expérience européenne*, Paris, Presses de Sciences-Po, 1996.
3. J. Donzelot, C. Meval, A. Wyvekens, *Faire société. La politique de la ville aux États-Unis et en France*, Paris, Le Seuil, 2003.

trop coupée de la population, trop préoccupée par la « chasse au délinquant » au détriment de sa fonction de prévention des désordres urbains. Postulant que la police n'est pas en capacité de maintenir l'ordre sans l'assentiment et le concours de la communauté, le modèle alternatif de *community policing* s'efforce de retrouver une relation perdue avec les citoyens en assurant la présence d'agents de proximité sur des territoires délimités, de faciliter le contact entre la population et la police autrement qu'en cas d'appels en urgence, d'organiser des réunions régulières entre agents de sécurité publique et habitants en les impliquant dans la résolution des problèmes d'insécurité. Mais si ces programmes améliorent l'image de la police, ils restent généralement handicapés par la difficulté des habitants à se mobiliser en nombre et durablement. Ils souffrent aussi de la traditionnelle réticence des corps de police à effectuer un travail de proximité en profondeur, qu'ils estiment relever du travail social, mais aussi de leur difficulté à reconnaître la moindre compétence aux habitants.

Le travail de police serait largement autonome. Le faible impact de la hiérarchie, le cloisonnement des services, l'imprévisibilité du travail, la nécessité de s'adapter à l'événement, la flexibilité des tâches, l'absence de modes d'action précis, le sentiment que le strict respect des règles constituerait une entrave à l'obligation de résultats, conduisent à des pratiques souvent discrétionnaires et individualisées. Pour la gendarmerie, la militarisation du corps, sa forte hiérarchisation, la prégnance de la culture professionnelle renforcée par la vie en caserne induisent un respect plus sensible de l'autorité et de la règle. Pourtant, le corps est beaucoup moins monolithique que les apparences ne le laissent croire. En réalité, les gendarmes bénéficient eux aussi d'une grande autonomie d'action de par la multiplicité des tâches qui leur incombent et parce que, historiquement, ils évoluent dans une grande proximité avec la population. En effet, l'intensité de leur immersion personnelle et familiale dans l'environnement social les amène à assurer, à côté de leurs tâches de sécurisation, des fonctions sociales d'écoute et de soutien. La compétence professionnelle s'apprécie alors sur la capacité à discerner les cas dans lesquels il faut appliquer la loi et ceux dans lesquels la relation avec la population, dont dépend largement l'efficacité de leur travail, doit prendre le pas[4].

Mais si le travail policier est empreint de subjectivité, celle-ci doit cependant se comprendre dans le contexte d'un travail collectif. Le travail en équipe et l'interdépendance qu'elle entraîne entre les acteurs est une donnée essentielle de l'activité, si bien que l'autorité s'y exerce au quotidien de manière de plus en plus négociée. Ceci d'autant plus que le pouvoir ne se distribue pas selon la lecture d'un simple organigramme hiérarchique. En réalité deux hiérarchies se superposent, l'une officielle et bureaucratique qui consacre le pouvoir des commissaires[5], et l'autre professionnelle et fonctionnelle qui consacre le pouvoir de terrain des gardiens de la paix. Cette inversion hiérarchique provoque des incertitudes sur le modèle d'autorité[6].

L'autonomie du travail policier a fait l'objet de nombreuses analyses et polémiques de part et d'autre de l'Atlantique. Ainsi, par exemple, Brodeur a distingué une haute et une basse police, la première qu'il

---

4. F. Dieu, *La gendarmerie, secrets d'un corps*, Éditions Complexe, 2002.

5. F. Ocqueteau, *Mais qui donc dirige la police ? Sociologie des commissaires*, Paris, Armand Colin, 2006.

6. D. Monjardet, *Ce que fait la police. Sociologie de la force publique*, Paris, La Découverte, 1996.

qualifie de politique, aux pratiques secrètes et peu légales basées surtout sur le renseignement, et la seconde plus visible et légaliste, utilisant davantage les moyens coercitifs contre les récalcitrants. Entre les deux les relations sont poreuses car la nature du pouvoir en démocratie est de moins en moins basée sur la force brute mais sur des technologies sophistiquées de surveillance et de communication. Dans les deux cas, selon cet auteur, « la police est composée d'agents autorisés à employer des moyens interdits au reste de la société afin de faire respecter un certain type d'ordre sociopolitique[7] ». Cependant, cette définition générale de « l'illégalisme policier » est contestée par Fabien Jobard. Pour lui l'usage du *policing* dépendrait plutôt des circonstances et des lieux car « la police n'est pas la même dans les différents espaces qui forment une société [...] Dans la plus grande partie de la société, la police est soumise au droit ordinaire ; dans des fractions plus particulières, elle s'en émancipe[8] ». En aucun cas il n'est question de pouvoir absolu car « les policiers doivent toujours jauger de la nature de celui qui leur fait face, de l'éventualité de témoins crédibles et de la taille de l'atteinte qu'ils sont susceptibles d'infliger. Leur souveraineté est limitée par l'anticipation de l'accueil que leurs collègues, puis les juges, réserveront au récit qu'ils seront capables de produire après l'intervention ».

De nouvelles technologies ont transformé la nature du travail policier. Peter Manning en isole cinq types : celles qui favorisent la mobilité (transports...) ; les technologies de formation (régulation

---

7. J.-P. Brodeur, *The Policing Web*, Oxford University Press, 2011.
8. F. Jobard, « Propositions sur la théorie de la police », *Champ pénal/Penal field* [En ligne], vol. IX, 2012.

des conflits, techniques de coercition…) ; les technologies liées aux sciences forensiques (empreintes digitales, génétiques, vocales, reconnaissance de l'iris…) ; les technologies d'analyses de données (*crime mapping*, géolocalisation…) et les technologies de communication (téléphones mobiles, Internet…)[9]. Mais de nombreuses recherches empiriques sur la vie quotidienne des services de police, sur le recours à la vidéosurveillance, l'utilisation de logiciels cartographiques, montrent que ces moyens n'ont pas remodelé en profondeur les pratiques. Ils ne bousculent pas, en tout cas dans le court terme, les cultures organisationnelles, les idéologies professionnelles et les routines. L'investissement scientifique sur la police se renforce. Mais des pans entiers du travail policier échappent au regard de nombreux observateurs fascinés par le travail de police judiciaire contre la grande criminalité, qui n'absorbe pourtant qu'une part minoritaire, quoique spectaculaire, de l'activité. La compréhension des politiques publiques de sécurité demande une meilleure perception de la quotidienneté des métiers de l'ordre et une ouverture sur le travail d'autres forces de sécurisation qui ont pris, à bas bruit, une forte emprise sur la société[10]. Dans le domaine du *policing* aussi, le néolibéralisme affecte les fonctions régaliennes des États nations réputés les plus résistants, et développe une marchandisation croissante de la sûreté.

---

9. P. Manning, *Policing Contingencies,* University of Chicago Press, 2003 ; « The technology of policing. Crime mapping », dans *Information Technology, and the Rationality of Crime Control*, New York, University Press, 2008.

10. B. Dupont, « La gouvernance et la sécurité », dans M. Cusson, B. Dupont, F. Lemieux (sous la direction de), *Traité de sécurité intérieure,* Montréal, HMH Hurtubise, 2007, p. 67-80.

La « chaîne » pénale

Les systèmes judiciaires démocratiques s'efforcent de rechercher un équilibre entre les nécessités de l'ordre public et celles de la protection des libertés individuelles. La part d'incertitude y est réduite par des règles procédurales et des contraintes organisationnelles relativement strictes. Mais l'interaction entre des acteurs aux statuts et aux objectifs aussi différents que magistrats du parquet et du siège, greffiers, personnels administratifs, policiers, avocats, experts, travailleurs sociaux, personnels pénitentiaires..., aménage d'importantes zones d'incertitude que l'on rencontre tout au long du processus judiciaire, de l'enregistrement des plaintes jusqu'aux différentes phases de décision.

L'entrée du conflit sur la scène pénale

La sociologie des pratiques policières montre que 10 % à 15 % des affaires pénales sont découvertes à l'initiative des forces de police et de sécurité. On dit alors qu'elles sont proactives. Elles sont informées grâce à des renseignements (responsables de débits de boisson, étrangers, prostituées et proxénètes, toxicomanes constituent des réservoirs d'indicateurs potentiels), ou découvrent les faits de manière aléatoire au cours d'activités de routine. Il s'agit alors d'infractions ayant une forte visibilité publique ou s'intégrant dans une stratégie de contrôle de populations considérées comme présentant des risques (bagarres, ivresse publique, vagabondage, infractions à la législation sur le séjour des étrangers ou le port d'armes...).

Entre 85 % et 90 % des affaires pénales seraient, selon les recherches internationales, signalées par les particuliers ou les institutions. C'est dire que l'intervention de la police est essentiellement réactive. Il est donc du plus haut intérêt de connaître les raisons pour lesquelles les victimes d'infraction font appel au système pénal. Des études de victimation[11] auprès de la population permettent d'observer que le taux de report est très variable selon le type d'infraction. Le signalement à l'autorité policière des vols de voitures arrive partout en première position, avec un taux de l'ordre de 90 %, les cambriolages sont dénoncés dans environ 80 % des cas, les vols à la roulotte sont signalés dans des proportions qui varient selon les enquêtes et les pays de 40 % à 60 % et les vols simples de 30 % à 40 %. Paradoxalement ce sont les infractions violentes qui sont les moins reportées. Tout dépend, là encore, du type de violence. Celles qui sont considérées comme les plus graves et qui opposent des personnes inconnues l'une de l'autre sont les plus signalées. Bien qu'elles soient parfois graves dans leurs conséquences physiques et psychiques, les infractions commises en milieu familial ou d'interconnaissance sont largement occultées. Les infractions sexuelles sont également dénoncées dans des proportions modestes, même si les campagnes d'information ont eu pour effet de déculpabiliser les victimes et d'améliorer les prestations du système pénal dans sa manière de les accueillir.

La dénonciation des infractions doit s'analyser comme participant d'une stratégie dans la mesure où elle ne constitue pas le seul recours à la disposition des personnes (passivité, accommodation, négociation, médiation communautaire ou institutionnelle, association de défense, syndicat, autre administration

---

11. R. Zauberman (sous la direction de), *Victimation et insécurité en Europe. Un bilan des enquêtes et de leurs usages. Un autre regard sur la délinquance*, Paris, L'Harmattan, 2008.

spécialisée). Le choix de la voie pénale prend en considération une multitude de considérations. En premier lieu viennent des motivations utilitaires, comme la nécessité réglementaire de porter plainte pour activer un remboursement du préjudice par les compagnies d'assurances ou l'espoir de récupérer son bien. Peuvent également intervenir des raisons punitives, le souci de faire peur à une personne, de lui nuire ou de sanctionner celle qu'on estime coupable dans une logique d'expiation ou encore de prévention de la récidive. On peut également penser que la plainte est pour certaines personnes une manière, par l'obtention d'un statut de victime, de retirer des bénéfices psychologiques de cette situation. Tout dépend bien évidemment des représentations que l'on a des performances de l'institution policière et judiciaire. Ainsi, la qualité de l'accueil permet de lever l'inhibition qui habite certaines victimes à parler de leurs problèmes intimes ; à l'inverse la connaissance de la faiblesse des taux d'élucidation policiers ou de l'ineffectivité fréquente de l'exécution des décisions de justice diminue la confiance institutionnelle et pousse à choisir un autre mode de régulation[12] (c'est notamment le cas dans les zones urbaines en difficulté). La crainte que le système puisse se retourner contre soi parce qu'on se trouve dans une situation irrégulière (étranger sans papier contre son agresseur, prostituée contre le proxénète, corrompu contre le corrupteur, consommateur de drogue contre le dealer, travailleur au noir contre son employeur...) ou de faiblesse (victime de mauvais traitements ou de pratiques irrespectueuses de la part d'un policier) constitue une forte inhibition à se plaindre. On peut y ajouter la crainte de représailles. Les institutions publiques

---

12. *Ibid.*

ou parapubliques, les entreprises, rechignent souvent elles aussi à saisir une voie pénale qu'elles estiment lente et coûteuse. Elles y ont recours comme ultime solution « seulement pour réduire au silence ceux qui contestent le pouvoir de l'administration, ou encore pour faire quelques exemples ou obtenir une jurisprudence[13] ».

Mais la volonté de la victime n'est pas suffisante pour amorcer le processus pénal. Encore faut-il que les instances de police et de gendarmerie acceptent d'enregistrer la plainte. Cette occurrence illustre que l'ensemble du processus d'entrée sur la scène pénale est marqué par un phénomène d'anticipation des décisions du parquet. Car lorsque les victimes sont dissuadées de porter plainte, c'est souvent par égard pour la politique du parquet dont on connaît les critères de classement sans suite ou de poursuite. Cette marge d'action peu légaliste des services de sécurité est dictée par des éléments objectifs comme le caractère non pénal du problème ou, quand l'infraction n'est pas considérée comme suffisamment grave, parce que le plaignant n'apporte pas d'éléments matériels ou personnels suffisants pour identifier le coupable. Dans ce cas la victime est éconduite, ou bien il lui est conseillé de procéder à une simple inscription sur le registre de main courante. Il ressort des travaux de recherche que le peu de gravité des faits, la volonté peu affirmée du requérant, son attitude irrespectueuse, sa position sociale inférieure, ses médiocres capacités d'expression, son incapacité à contrôler ses affects, le caractère invraisemblable des faits relatés, la distance sociale entre plaignant et suspect (plus cette distance est faible, plus les forces de l'ordre hésitent à intervenir) peuvent motiver

13. P. Robert, *La sociologie du crime*, Paris, La Découverte, 2005.

un refus d'enregistrement. Comme le dit Philippe Robert, un jeu complexe s'organise autour de la mise en œuvre des ressources institutionnelles « les uns (les plaignants) tentent de les utiliser à leurs propres fins tandis que les détenteurs de la ressource essaient de résister à ces hétérodéterminations et de faire triompher leur propre ordre de priorité[14] ». En définitive, le processus pénal s'engage largement pour des affaires à haute visibilité sociale qui sont de nature à renforcer la légitimité de l'institution (crimes), pour des contentieux d'ordre public désignés comme prioritaires (immigration clandestine, trafic de stupéfiants), mais il n'offre qu'une place réduite aux atteintes matérielles ou physiques aux personnes qui n'identifient pas elles-mêmes l'auteur de l'acte leur portant préjudice.

Si les doléances sont enregistrées, la façon dont elles sont transcrites participe d'un processus de construction d'objet[15] dont Cicourel avait démonté le mécanisme. Le discours des plaignants est réinterprété du fait d'une écoute sélective, façonné par des biais personnels, brouillé par le jeu de stéréotypes professionnels et retranscrit en des termes, considérés comme juridiquement ou judiciairement pertinents, parfois bien éloignés de la façon dont les acteurs ont livré leur récit ou exprimé leur souffrance. Cette construction judiciaire de la réalité peut donner aux victimes le sentiment qu'elles ne sont pas reconnues dans toute leur singularité.

---

14. *Ibid.*
15. R. Levy, *Du suspect au coupable : le travail de police judiciaire*, Paris, L'Harmattan, 1987.

La trajectoire du conflit dans la chaîne pénale

La trajectoire d'une affaire est scandée par une série de microdécisions (la décision de classement sans suite ou d'orientation procédurale par le parquet, la décision d'incarcération ou de mise en liberté du juge d'instruction...) qui conditionnent le traitement puis le jugement de l'affaire car les juges suivent en général largement les décisions antérieures. Ce conditionnement par l'amont aboutit de fait à une césure du procès pénal, la décision de culpabilité se prenant à l'orée du processus tandis que l'audience sert essentiellement à décider du quantum de la peine.

Quelques processus de décision ont fait l'objet d'études spécifiques. Ainsi, le classement sans suite dont la part ne cesse historiquement de progresser (de 30 % à 50 % des plaintes au XIXe siècle) atteint de nos jours un score avoisinant les 80 %, en raison de l'afflux de plaintes contre X dans des contentieux de masse. Le magistrat du parquet décide seul à partir d'informations succinctes dans un temps très court. Globalement, en dehors des infractions les plus graves, la réponse judiciaire n'est envisagée que lorsque l'auteur est connu. Dans ce cas les critères d'appréciation sont, dans une très large mesure, collectifs. Ils peuvent dépendre de directives nationales ou d'une politique spécifique de juridiction, notamment de la capacité d'absorption du tribunal. Ils peuvent apparaître plus subjectifs quand ils concernent la qualité de la victime. Mais en réalité des facteurs comme l'absence d'une insertion sociale ou professionnelle, l'existence d'un casier judiciaire chez le prévenu, pèsent structurellement sur la décision de poursuite. Ils jouent de la même manière devant les tribunaux correctionnels et motivent souvent une peine d'emprisonnement ferme, sauf dans le cas où

une enquête sociale suffisamment positive propose un placement ou un suivi socioéducatif fiable.
De fait l'arbitraire des décisions est restreint par l'existence d'un certain nombre de contraintes. Le juge se doit de parler au nom de la loi ou, si elle n'est pas précise, d'être son interprète en se référant à la jurisprudence existante. La collégialité, l'existence de voies de recours constituent un rempart contre l'arbitraire. Le poids de règles déontologiques stables est susceptible d'inhiber l'occurrence de décisions atypiques. Les contraintes institutionnelles comme l'organisation hiérarchique, la notation des magistrats qui joue sur leurs perspectives de carrière, la pression très forte du milieu judiciaire, standardisent les comportements. Le partage d'une même origine sociale, d'un parcours universitaire identique, le fait d'avoir franchi le rite initiatique d'un concours exigeant, les effets de l'endogamie, du corporatisme, renforcent la parenté des visions du monde. La notion d'habitus développée par Pierre Bourdieu, et qu'il définit comme un système de dispositions à la pratique assurant la régularité des conduites rend parfaitement compte de ce mimétisme que l'on retrouve jusque dans le partage de dispositions de langage et d'attitudes corporelles. Enfin, la gravité des faits, l'existence d'antécédents graves, l'absence de garanties de représentation (existence d'un domicile, d'un travail, d'un soutien familial), le conditionnement de la décision par les décisions antérieures, la dépendance relative du juge vis-à-vis du savoir technique des experts[16], tous ces éléments concourent également à homogénéiser et à standardiser les jugements.

---

16. L. Dumoulin, *L'expert dans la justice. De la genèse d'une figure à ses usages*, Paris, Économica, 2007.

Mais aucun jeu, si institutionnel soit-il, ne peut se passer de l'activité créatrice du joueur. Certes, sa liberté d'action est bornée par les possibilités de choix ouvertes par le jeu lui-même mais ces possibilités existent d'autant plus que la règle de droit est imprécise, le degré d'anomie institutionnelle plus grand, le sens de l'action collective plus nébuleux, l'organisation du travail plus segmentée, la procédure plus rapide, les informations reçues plus succinctes et le contrôle exercé par les pairs ou les avocats moins assidu. Les positions idéologiques et syndicales du juge, sa sensibilité aux pressions médiatiques, le nombre et la nature de ses expériences sociales dont on peut penser qu'elles atténuent le caractère strictement juridique de sa grille de lecture de la réalité, des éléments de sa personnalité qui le portent à l'individualisme, à l'insécurité, à l'ethnocentrisme, les effets de sa culture religieuse et de ses valeurs morales, aménagent des zones d'incertitude évidentes. Les premiers travaux américains sur le *sentencing* n'avaient pas manqué de le constater en stigmatisant les préjugés racistes des juges ou le caractère discriminatoire du système judiciaire et de son fonctionnement à l'égard de la partie socialement la plus faible.

En définitive, la théorie de la rationalité limitée des décisions ne permet plus de croire à la fiction de l'impartialité des juges, pas plus d'ailleurs qu'à leur subjectivité débridée. En effet, toute décision est collective, résultant d'un processus social auquel participent de multiples acteurs, plus ou moins autonomes les uns par rapport aux autres, poursuivant des objectifs divers voire conflictuels, n'ayant qu'une connaissance partielle de la situation et raisonnant de façon séquentielle. Dès lors la bonne décision n'existe pas, seules sont prises des décisions satisfaisant des critères minimaux de satisfaction.

Et si discrimination il y a, celle-ci est plus un effet de la structure elle-même que de l'action isolée des individus[17].

Les évolutions contemporaines du travail pénal

La dimension sacrée de la justice pénale a longtemps entravé la curiosité scientifique. Les représentations sociales de son fonctionnement sont largement construites par les fictions cinématographiques, le plus souvent américaines. L'attention est alors centrée sur la phase policière de l'enquête ou sur des audiences répondant aux principes d'une procédure accusatoire que ne connaissent pas nos juridictions. En France c'est le plus souvent la cour d'assises qui sert de vitrine judiciaire, car les médias consacrent l'essentiel de leurs reportages à cette justice d'apparat, qui prend son temps. Mais la réalité judiciaire quotidienne est tout autre pour une administration saturée par les demandes qui lui sont adressées, et qui dès lors ne cesse de rechercher des mécanismes plus performants de gestion des flux.

En effet, l'appareil judiciaire est investi d'un nombre croissant de sollicitations dans des domaines qui par le passé lui restaient étrangers. La dilution des modes naturels de régulation des conflits fait d'abord son œuvre. Quand les solidarités de proximité ne sont plus en capacité de prévenir et de réguler les conflits, de servir d'exutoire aux souffrances des individus, la plainte devient le mode privilégié d'expression de leur désarroi. On assiste d'autre part à une forte demande de justice pour réguler les dérives du

17. J. Faget, « La fabrique de la décision pénale. Une dialectique des asservissements et des émancipations », *Champ pénal/Penal field* [En ligne], vol. V, 2008.

monde politique, définir les contours de la responsabilité médicale, moraliser le monde des affaires ou la pratique sportive, domestiquer la violence scolaire, définir la morale sexuelle. Cette demande paraît irrationnelle quand on connaît la surcharge de l'institution et la formation de ses membres. Tout se passe comme si le droit et la justice devenaient une « valeur refuge[18] », comblant les besoins de l'individu insécurisé des paradis capitalistes, orphelin d'idéologies, de croyances et lui donnent une grille de lecture du changement social, politique et technologique. La revendication de droits et l'aspiration à la justice réintroduiraient de la transcendance quand n'existe plus de principe d'explication du monde.

Cette « justice à tout faire » est du coup saturée. Au lieu de procéder à un *aggiornamento* de sa fonction sociale, de centrer ses interventions sur des contentieux à haute valeur symbolique, de déléguer une part de ses prérogatives vers des modes alternatifs ou amiables de régulation, de « travailler moins pour travailler mieux », elle persiste à défendre son monopole et préfère développer des stratégies d'adaptation qui ne remettent pas en cause profondément ses logiques d'action. La première consiste en un glissement de la fonction juridictionnelle des juges du siège vers les magistrats du parquet, la deuxième s'opère par la création d'une justice de proximité, la troisième se caractérise par une technologisation croissante de ses modes opératoires, et la quatrième par des impératifs de gestion de plus en plus exigeants.

---

18. A. Garapon, *Le gardien des promesses. Justice et démocratie*, Paris, Odile Jacob, 1996.

Vitesse

Le statut des parquets en Europe est très différent tant en termes d'autonomie – certains parquets sont statutairement (Allemagne, Espagne) ou politiquement (France) « sous influence » –, tandis que l'autonomie de certains autres est mieux (Belgique, Pays-Bas, Portugal) ou très (Italie) garantie[19]. Mais partout, du fait de la surcharge considérable des affaires, on observe un déplacement du centre de gravité de la justice pénale vers l'amont. D'une part le contrôle réel que les parquets doivent exercer sur la police se mue, faute de temps, en un contrôle formel *a posteriori* de ses actes. D'autre part on assiste à un glissement des fonctions juridictionnelles des magistrats du siège vers ceux du parquet. Ce mouvement est facilité par le développement en France de la « troisième voie » (la première étant la poursuite, la deuxième le classement sans suite) et l'accélération du temps de traitement des dossiers. Au lieu de classer certaines plaintes en vertu de leur pouvoir d'opportunité des poursuites, les magistrats du parquet peuvent décider d'un « rappel à la loi », recommander une mesure de réparation, enjoindre une thérapie ou orienter vers une médiation pénale. Ces différentes possibilités mobilisées pour le traitement du « petit pénal » provoqueraient pour certains un déséquilibre dans le fonctionnement du système judiciaire et constitueraient l'amorce d'un mouvement de « pénalisation du social » renforçant la part de l'arbitraire policier et parquetier dans le traitement des problèmes sociaux[20]. Mais les signes de cette évolution ne datent pas d'hier, et plusieurs

19. P. Milburn, K. Kostulski, D. Salas, *Les procureurs. Entre vocation judiciaire et fonctions politiques*, Paris, Puf, 2010.
20. L. Aubert, « Appréhension systématique des phénomènes de délinquance et troisième voie : les dilemmes d'un parquet divisé », *Champ*

recherches sur les filières pénales[21] menées depuis les années 1980 ont montré le rôle prépondérant de la décision d'orientation du parquet sur la trajectoire judiciaire des affaires et le type de peine prononcé. C'est ainsi par exemple que le déferrement au parquet, le choix d'une comparution immédiate et *a fortiori* d'un placement en détention, conditionnent largement le prononcé d'une peine d'emprisonnement. Ce qui par contre est nouveau, c'est la vitesse avec laquelle se déroule cette fonction d'orientation. L'exigence paradigmatique d'une justice rapide – qui apparaît en France sous le curieux vocable de « traitement en temps réel des affaires pénales[22] » – transforme en profondeur le travail judiciaire, qui se caractérise aux dires des magistrats eux-mêmes par « une pauvreté de la réflexion », « des décisions réflexes[23] ». Le choix est fait de procédures toujours plus courtes (par exemple en France l'ordonnance pénale, la composition pénale, la comparution sur reconnaissance préalable de culpabilité) évitant l'audience. Seule la cour d'assises, dont la procédure reste lente et coûteuse, semble résister à cette pression temporelle. Mais c'est au prix d'un recours moindre à cette juridiction par le moyen d'une correctionnalisation accrue des affaires, et parce que le système pénal veut conserver précieusement cette « vitrine » luxueuse dont l'image sociale sauve les

---

pénal/Penal field [En ligne], vol. VI, 2009 ; P. Mary, *Insécurité et pénalisation du social*, Bruxelles, Labor Éd., 2003.

21. B. Aubusson de Cavarlay, « Filières pénales et choix de la peine », dans L. Mucchielli et P. Robert (sous la direction de), *Crime et sécurité : l'état des savoirs*, Paris, La Découverte, 2002.

22. B. Bastard, C. Mouhanna, W. Ackermann, *Une justice dans l'urgence. Le traitement en temps réel des affaires pénales*, Paris, Puf, 2007.

23. B. Bastard, D. Delvaux, C. Mouhanna, F. Schoenaers, *L'esprit du temps. L'accélération dans l'institution judiciaire en France et en Belgique*, Paris, mission de recherche Droit et Justice, 2012.

apparences d'une justice quotidienne expéditive. Car la pression du temps entraîne une standardisation du traitement des cas à partir de barèmes préconstruits et normalisés. Cette logique administrative routinisée de régulation des dossiers laisse de moins en moins de place à une perspective d'individualisation, « empêche tout débat judiciaire et fait disparaître l'usager de la justice », mettant en cause « le sens même de l'activité qui consiste à rendre la justice[24] ».

Proximité

La place de la justice a traditionnellement été conçue à côté des édifices du pouvoir temporel et du pouvoir religieux, au cœur de la ville, de ses tumultes, mais au-dessus d'elle, sereine, distanciée, comme le symbolisent les escaliers qu'il faut gravir pour se rendre dans le temple judiciaire. Mais cette place-là correspond à une ville de type médiéval, concentrique, unicentrée, dont les limites sont relativement claires. Elle ne serait plus adaptée à des territoires urbains distendus, discontinus, multipolaires, à des archipels urbains où il n'y a plus de frontières claires entre ville et campagne, où des centres périphériques concurrencent le centre ancien, où espaces publics et privés s'agencent dans de nouvelles configurations. Le souci d'une adaptation conduisit à rapprocher la justice du monde réel. Tout commença par la justice des mineurs qui la première s'aventura hors des palais de justice. Cette démarche d'ouverture resta isolée. Pour la magistrature l'idée de proximité a toujours été associée à celle de promiscuité. Mais comme l'appareil judiciaire ne pouvait répondre seul aux nouvelles attentes sociales, il s'appuya sur le concours

24. *Ibid.*

de nombreux acteurs associatifs ou sur les collectivités locales pour développer des initiatives innovantes. Il fallut attendre les années 1990 pour qu'en Europe occidentale se développe une véritable justice de proximité sous divers visages institutionnels, comme celui des maisons de justice et du droit (par exemple en France, Belgique, Pays-Bas) ou communautaires (en Suisse et surtout en Grande-Bretagne)[25]. Le propos était de transférer l'exercice de la fonction de justice dans les lieux où émergent et s'expriment les problèmes. Cette mutation, dictée par l'explosion du sentiment d'insécurité et de la demande sociale de droit et de justice dans les zones urbaines défavorisées, introduisit également l'idée d'une intervention non plus focalisée sur le seul individu mais aussi sur le groupe social auquel il appartient. Il ne suffit pas de sanctionner celui qui a transgressé la loi, encore convient-il, par la mise en œuvre de stratégies partenariales avec les acteurs locaux, de restaurer la paix civile dans un quartier. L'effet de l'intervention des magistrats du parquet dans le cadre des contrats locaux de sécurité et de prévention de la délinquance ne fut pas seulement d'organiser des « parties de chasse » plus efficaces contre les fauteurs de troubles de l'ordre public, mais aussi d'apporter un surcroît de légitimité aux institutions partenaires (police, institution scolaire, bailleurs, transporteurs, parfois travailleurs sociaux…) confrontées à une érosion de leur autorité[26]. La justice se trouva dès lors en position d'animatrice d'initiatives locales et de garante des institutions qui les portent. Cette stratégie ne parvint cependant que difficilement à constituer une

25. A.Wyvekens, J. Faget (sous la direction de), *La justice de proximité en Europe*, Toulouse, érès, 2001.
26. J. Donzelot, C. Mevel, A.Wyvekens, *op. cit.*

politique pénale. Une recherche portant sur quatre tribunaux français montra que cette politique fut ressentie par les juges du siège comme une politique du parquet, à laquelle ils ne voulurent pas s'associer. Elle ne parvint pas à se légitimer socialement du fait de l'absence de rapports coopératifs avec les élus ou les autres partenaires institutionnels. Derrière une cohérence de façade, elle apparut non pas comme le produit d'un travail d'équipe mais comme la résultante de l'addition des pratiques individuelles des parquetiers, comme un discours guidé par la nécessité de donner une bonne image publique de la justice et le fruit d'accommodements successifs décidés verticalement et sans concertation[27]. Bref, si l'hypothèse d'une stigmatisation des quartiers « à risques », d'un quadrillage pénal plus serré de populations qui échappaient à l'emprise pénale[28] semble quelque peu alarmiste, il semble que cette justice buissonnière[29] produise « du même » mais sous d'autres formes[30].

Technicisation

Le système pénal n'échappe pas à l'extraordinaire développement des savoirs et objets techniques : simulations par ordinateur, bases de données juridiques et fichiers informatisés, Internet (informations, requêtes, suivi du dossier), règlement en ligne des conflits, environnements virtuels, bracelet

---

27. B. Bastard, C. Mouhanna, W. Ackermann, *op. cit.*
28. Y. Cartuyvels, P. Mary, « Justice de proximité ou proximité de la justice ? États des lieux en Belgique », dans A. Wyvekens, J. Faget (sous la direction de), *op. cit.*, p. 101-130.
29. J. Faget, *Justice et travail social. Le rhizome pénal*, Toulouse, érès, 1992.
30. D. Kaminski, « De l'amour du prochain et de son châtiment », dans A. Wyvekens, J. Faget (sous la direction de), *op. cit.*, p. 131-144.

électronique, vidéosurveillance, audiences par visioconférence… Leur banalisation a fini par affaiblir les résistances des acteurs judiciaires et par modifier le raisonnement juridique, la mise en forme du processus judiciaire, la production de preuves, l'exercice du jugement ou les modalités d'exercice de la sanction pénale. Toutes ces technologies, au niveau de développement hétérogène, nourrissent des discours contrastés sur l'ampleur des changements en cours, leur caractère bénéfique (modernité, vitesse, réduction des coûts, transparence, accessibilité aux citoyens) ou dangereux voire catastrophique (menace pour les libertés publiques, déshumanisation, perte de la fonction symbolique)[31].

Il est vrai que l'introduction de ces techniques n'est pas sans poser problème. Certaines recherches ont souligné, mais ce n'est pas spécifique au pénal, les inégalités d'accès à Internet, la célèbre « fracture numérique » entre pays riches et pauvres, entre classes cultivées et populations dont le niveau de connaissance ne leur permet pas d'accéder à des contenus juridiques généralement complexes. D'autres recherches interrogent les transformations induites dans les rôles professionnels des acteurs judiciaires : généraliser l'accès direct à l'information rabote le rôle des avocats, assurer le contrôle à distance des détenus placés sous surveillance électronique conduit à redéfinir les fonctions des travailleurs sociaux et des surveillants pénitentiaires, exploiter les images issues de la vidéosurveillance, gérer les banques de données, manipuler les logiciels statistiques transforme le travail d'enquête et nécessaire à l'acquisition

31. Sur ces thèmes voir les revues *Droit et cultures*, « Technologies, droit et justice », 61/2011/1 et *Droit et société*, « Les technologies entre droit et politique », 2012/83.

de nouvelles compétences. Ces nouveaux instruments induisent également la constitution de réseaux d'acteurs administratifs, publics et privés, opérant sur un mode transversal et continu qui modifie leurs cultures professionnelles, basées sur le secret ou la confidentialité. Ils s'ouvrent désormais à des échanges d'information multiples qui se veulent plus cohérents. Ce qui laisse à penser que les dispositifs techniques ne sont pas seulement des outils neutres destinés à améliorer la performance quantitative du système mais qu'ils sont porteurs de valeurs.

Gestion

L'émergence d'une logique gestionnaire dans l'institution judiciaire est un phénomène général qui touche les organisations judiciaires de tous les pays[32] et qui concerne l'ensemble des administrations étatiques. La justice présente cependant la particularité de constituer une fonction régalienne de l'État, d'être de ce fait une activité politique, de produire des symboles et des valeurs et pas seulement des décisions. Touchée par les contraintes du nouveau management public, elle se doit désormais d'intégrer des indicateurs de gestion, de mesurer ses performances, d'évaluer son action, d'optimiser ses moyens, de maîtriser ses coûts, d'améliorer la relation avec l'usager-client[33], de mieux gérer son personnel et d'en améliorer les compétences non juridiques.

---

32. M. Fabri, J.-P. Jean, P. Langbroek, H. Pauliat, *L'administration de la justice en Europe et l'évaluation de sa qualité*, Paris, Montchrestien, 2005.

33. L. Dumoulin, T. Delpeuch, « La justice : émergence d'une rhétorique de l'usager », dans P. Warin (sous la direction de), *Quelle modernisation des services publics ? Les usagers au cœur des réformes*, 1997, p. 103-129.

L'introduction de ces impératifs gestionnaires dans un univers replié sur une rationalité juridique abstraite, sur des rituels anachroniques, sur un langage abscons et des temporalités longues, ne se fait pas sans résistances. Car considérer la justice pénale comme un secteur non spécifique de l'action publique modifie son organisation, ses pratiques de travail, son image sociale, l'identité professionnelle de ses acteurs (magistrats, greffiers, secrétaires…). Ces derniers ont pendant longtemps joui d'une relative autonomie pratique qui se voit désormais érodée par des logiques hétéronomes leur demandant de rendre des comptes, d'adapter leurs choix décisionnels aux contingences budgétaires qui leur sont imposées. Ainsi, le travail des magistrats s'apprécie non pas à l'aune de la sagesse de leurs attitudes ou de la qualité juridique de leurs jugements et de leurs motivations, mais à partir d'indicateurs de performance (délai de réponse, nombre de décisions, délai d'exécution des peines…). L'introduction d'une rationalité managériale est porteuse d'enjeux politiques[34], car la prévalence accordée à l'objectif d'efficacité déplace le projecteur moins sur le sens de la mission que sur ses modalités d'exercice, sur le « comment » plus que sur le « pourquoi ». Cette tension est ressentie de façon différentielle par les greffiers qui sont surchargés de tâches quantitatives et d'évaluation, par les magistrats du parquet sur lesquels pèsent lourdement les contraintes hiérarchiques et par les magistrats du siège qui préservent encore de grandes plages d'autonomie. Si le « gouvernement de la justice par le chiffre » est contesté par la majorité de ses acteurs, l'intégration

34. C. Vigour, « Justice : l'introduction d'une rationalité managériale comme euphémisation du politique », *Droit et société*, 63-64, 2006, p. 425-455.

de l'idéologie managériale se fait cependant par capillarité et colonise l'ensemble de l'activité. Il est même des magistrats qui s'en font les défenseurs. Une recherche de Cécile Vigour montre qu'il s'agit de ceux qui ont le plus d'ancienneté, et qui ont donc les niveaux de responsabilité les plus élevés, qui sont familiarisés, du fait d'une activité passée ou du type de contentieux traité, avec le monde économique et financier, comme de ceux qui ont exercé leurs fonctions ailleurs qu'en juridiction, par exemple dans des ministères, et enfin de ceux qui sont proches du pouvoir politique en place[35].

35. C. Vigour, *Temps judiciaire et logique gestionnaire. Tensions autour des instruments d'action et de mesure*, Paris, mission de recherche Droit et Justice, 2011.

9
Une sociologie de la production pénale

Les évolutions des politiques pénales et du travail pénal, présentées dans les deux précédents chapitres, s'insèrent dans ce que Simon et Feeley[1] ont baptisé « la nouvelle pénologie ». Les anciennes pénologies avaient une visée morale exercée par la punition et l'objectif de transformer et de normaliser les délinquants. Mais un certain désenchantement vis-à-vis des résultats obtenus a initié l'émergence, aux États-Unis, d'un modèle dont la finalité n'est plus la correction du délinquant mais la gestion du risque que représente la délinquance pour la société. Il s'exerce essentiellement par le moyen de mesures de surveillance et de contrôle de groupes définis comme potentiellement dangereux. Le crime y est considéré comme un risque normal parmi d'autres dont il faut anticiper la réalisation et minimiser les effets nuisibles. L'approche du criminel est moins focalisée sur ce qu'il a fait que sur ce qu'il est capable de faire dans le futur, sur les dommages

---

1. M. Feeley, J. Simon, « The new penology : Notes on the emerging strategy of corrections and its implications », *Criminology*, 30, 4, 1992, p. 449-474 ; « Actuarial justice : the emerging new criminal law », dans D. Nelken (sous la direction de), *The Futures of Criminology*, London, Sage, 1994, p. 173-201.

qu'il est susceptible d'infliger à ses concitoyens. Dans cette optique, il faut définir son profil de risque par des techniques actuarielles basées sur des variables (type de délit, race, nombre d'évasions, troubles psychologiques, comportements…) dont l'analyse (équations, algorithmes) permet d'attribuer un score à chaque individu, de le classer dans un sous-groupe de niveau de risque auquel correspond un type de mesure pénale. Parmi les critères adoptés, son appartenance à l'*underclass*, partie de la population irréversiblement reléguée dans le dénuement et la marginalité et considérée comme dangereuse, est fortement prédictive de réitération et justifie des mesures d'exclusion carcérale et de contrôle intensif. L'application de ce modèle mathématique transforme les identités professionnelles de tous les opérateurs du système et jette la suspicion sur la compétence des cliniciens à produire la connaissance nécessaire.

Cette pénologie est plus axée sur le fonctionnement du système pénal lui-même que sur la recherche d'effets individuels et sociaux. Elle ambitionne de rationaliser le système afin de le relégitimer. Ainsi, la réduction du pouvoir discrétionnaire des acteurs, qui sont tenus à tout instant d'utiliser des procédures objectivées et peu onéreuses, de rendre des comptes, a pour objectif de réduire la part d'incertitude qui insécurise les usagers et de mettre à mal le sentiment public d'une justice aléatoire. Cette rationalité technocratique qui exige une standardisation croissante du travail et l'usage d'outils informatisés réduit drastiquement le suivi personnalisé des délinquants.

Si tous les systèmes occidentaux sont concernés par ces évolutions, ils les intègrent de manière différenciée et mêlent éléments de l'ancienne et de la nouvelle pénologie. Des illustrations de ce mixage sont mises en lumière par les travaux de sociologie de la prison ou des alternatives à l'emprisonnement, mais aussi par les *desistance studies* qui s'efforcent de déterminer les meilleures options de sortie de la délinquance.

Une sociologie de la prison

Toutes les représentations de la sanction sont envahies par l'image de la prison. Si bien que les justiciables, condamnés y compris, ont l'impression que toute autre sanction exprimerait l'indulgence, voire pour certains le laxisme du tribunal. Il n'est dès lors pas surprenant que l'univers carcéral mobilise beaucoup les chercheurs, eux-mêmes touchés par cet imaginaire collectif et désireux de rendre ce monde moins invisible qu'il ne l'est. Car la prison est restée longtemps un monde clos, fermé à tout regard extérieur. Puis la croissance des interactions avec le monde environnant depuis les années 1970, la pénétration de plus en plus fréquente de soignants, visiteurs, enseignants, travailleurs sociaux, artistes et entreprises..., dans l'univers pénitentiaire en ont fait un système de plus en plus ouvert[2]. Le monde carcéral ne serait plus exactement l'institution totale analysée par Goffman. Du même coup les recherches sociologiques sur l'institution carcérale ont connu un bel essor. Elles se distribuent schématiquement en deux catégories : la première se consacre à l'analyse macrosociologique des fonctions sociales de la prison et de ses mécanismes d'approvisionnement ; la seconde, aux modalités microsociologiques de fonctionnement des établissements pénitentiaires et à la façon dont y vivent les acteurs de la vie carcérale (personnels pénitentiaires et détenus). Mais certaines recherches établissent des passerelles entre ces deux perspectives.

---

2. P. Combessie, *Sociologie de la prison*, Paris, La Découverte, 2009.

Dans les années 1930 déjà, Rusche et Kircheimer avaient affirmé l'existence d'une corrélation entre la situation économique et politique d'un pays et la nature des peines prononcées. Dans cette filiation Nils Christie considère que l'émergence d'une industrie de la punition et la croissance spectaculaire de l'emprisonnement dans toutes les sociétés occidentales (758 détenus pour 100 000 habitants aux États-Unis, soit six fois plus que la moyenne européenne qui est de 123, mais la situation européenne est hétérogène puisque l'Estonie emprisonne cinq fois plus que la Slovénie)[3] représentent une façon, pour des sociétés confrontées à des inégalités croissantes, de contrôler des catégories sociales potentiellement dangereuses tout en créant des emplois[4]. Il tire un signal d'alarme pour dénoncer les « goulags à l'occidentale » de nos sociétés durement frappées par la récession économique car, dit-il, le plus grand danger de la criminalité « n'est pas la criminalité elle-même mais que la lutte contre celle-ci amène les sociétés à glisser sur la pente du totalitarisme ».

Si ce dernier risque est réel, il paraît encore hasardeux scientifiquement d'affirmer que l'incarcération servirait mécaniquement à réguler l'excédent de main-d'œuvre ou à neutraliser la cohorte des inactifs,

---

3. *Eurostat*, 2009, Statistiques de criminalité 2005-2007. On peut distinguer, aux deux extrêmes du palmarès, des pays d'Europe de l'Est et centrale nouveaux venus dans l'Union européenne et des pays scandinaves ou du nord de l'Europe (Estonie 302, Lettonie 293, Lituanie 232, Pologne 228, Tchéquie 185, Slovaquie 162, Roumanie 154, Luxembourg 152, Espagne 146, Royaume-Uni 146, Bulgarie 145, Écosse 139, Portugal 116, Serbie 112, Turquie 102, Pays-Bas 99, France 95, Allemagne 93, Belgique 91, Grèce 91, Croatie 87, Malte 87, Italie 84, Irlande du Nord 82, Suisse 79, Chypre 79, Suède 77, Irlande 75, Danemark 71, Norvège 70, Finlande 68, Slovénie 60, Islande 39).

4. N. Christie, *L'industrie de la punition. Prison et politique pénale en Occident*, Paris, Éditions Autrement, 2003.

rebelles et précaires. D'une part, elle représente des fonctions symboliques et pédagogiques (rappeler l'interdit et montrer le prix de la transgression) qui n'ont que peu à voir avec des rationalités économiques. D'autre part, la place de la prison dans la régulation des désordres sociaux doit être mise en perspective avec celle de l'ensemble des appareils de capture et de surveillance dont se dote la société, hôpitaux psychiatriques, centres de rétention pour étrangers, contrôles technologiques proliférants, pratiques sociales normalisatrices diverses… La problématique de la surpopulation carcérale nous en donne un exemple. On ne peut en effet l'expliquer par le seul effet de la croissance de la criminalité ou de la sévérité accrue des sanctions. Il faut aussi faire référence à l'évolution des autres modes de régulation de la déviance. Bernard Harcourt observant des chevauchements significatifs, bien que non massifs, entre l'évolution des populations psychiatriques et carcérales aux États-Unis, parle d'interdépendance et considère qu'il faut « repenser le carcéral à travers le prisme de l'institutionnalisation[5] ». La réticence des psychiatres français à utiliser la procédure des placements d'office, la disparition des centres d'hospitalisation fermés ont rejeté vers la prison une population très déstructurée dont les transgressions ne sont le plus souvent que le symptôme d'un délabrement psychique. La création de services médicaux et psychiatriques dans les établissements pénitentiaires a certainement humanisé la vie carcérale, mais a en même temps favorisé une logique, tempérée car les populations ne sont pas exactement superposables,

5. B.E. Harcourt, « Repenser le carcéral à travers le prisme de l'institutionnalisation : sur les liens entre asiles et prisons aux États-Unis », *Champ pénal/Penal field* [En ligne], vol. V, 2008.

de vases communicants. Du coup la prison (mais il faudrait distinguer selon le type d'établissements) remplit une « fonction asilaire » massive et devient un lieu extrêmement difficile à gérer dans lequel le sens de la peine est difficile à percevoir tant aux yeux des détenus qu'à ceux de l'ensemble des intervenants.

De fait, il y a belle lurette que le discours sur l'effet éducatif de l'incarcération s'est délité. Les utopies pénitentiaires du siècle dernier, la rédemption, la correction, la réhabilitation, ne font plus recette. Aujourd'hui le roi est nu, la prison ne se pare plus d'aucune justification et peut apparaître à certains comme une « industrie de la gestion des déchets » *(waste management vision of corrections*[6]*).* Pour le public l'emprisonnement est avant tout une œuvre de vengeance. Elle inflige une souffrance supposée équivalente au préjudice causé. Pour les professionnels de la justice, et dans la logique de la nouvelle pénologie, la prison ne serait désormais qu'un lieu de neutralisation, parce que plus personne n'ignore qu'elle est un instrument de production de la récidive[7] et de construction des milieux délinquants, mais un mal nécessaire face à une opinion et des victimes supposées avides de répression. Le succès d'estime du courant abolitionniste[8] dans les milieux universitaires des années 1980 paraît aujourd'hui ressortir d'un folklore criminologique suranné. Le temps n'est plus, chez les criminologues, de rêver à la suppression de la prison mais de dénoncer la montée d'un « État

6. J. Simon, *Governing through Crime : how the War on Crime Transformed American Democracy and Created a Culture of Fear,* New York, Oxford University Press, 2007.
7. Voir par exemple A. Kensey, *Prison et récidive,* Paris, Armand Colin, 2007.
8. L. Hulsman, J. Bernat de Celis, *Peines perdues. Le système pénal en question,* Paris, Le Centurion, 1982.

pénal », d'un « État pénitence[9] » qui criminalise la misère et la marginalité urbaine. Le temps est venu d'identifier les stratagèmes d'un « État libéral-sécuritaire » dépassant la contradiction apparente entre un discours économique libéral et un ardent interventionnisme pénal pour compenser son incapacité à contrôler efficacement la sphère économique. Le discours économique n'est pas la cause de l'incarcération de masse américaine (par exemple plus de 10 % des jeunes hommes afro-américains ont connu la prison en 2008) mais la rend possible[10].

Le mode de fonctionnement des établissements pénitentiaires est naturellement touché de plein fouet par cette perte du sens de la peine. Toutes les recherches montrent que les impératifs de sécurité l'emportent sur toute autre raison réformiste ou éducative, que le temps carcéral est vide[11]. Les objectifs de responsabilisation sont laminés par la dépendance dans laquelle les détenus sont installés. Plongés dans un univers de violence et de peur[12], privés de toute initiative, ils sont assujettis à un ordre intransigeant qui aggrave l'image déjà détériorée qu'ils ont d'eux-mêmes et érode leurs habiletés sociales. Les initiatives de comités de détenus fleurissant dans quelques pays, les efforts méritoires des rares travailleurs sociaux qui accompagnent les détenus, les quelques psychothérapies et groupes de parole entrepris, les animations socioculturelles

---

9. L. Wacquant, *Les prisons de la misère*, Paris, Raisons d'agir, 1999 ; *Punishing the Poor : The Neoliberal Government of Social Insecurity*, Durham, Duke University Press, 2009.

10. B.E. Harcourt, *The Illusion of Free Markets : Punishment and the Myth of Natural Order*, Harvard University Press, 2012.

11. G. Chantraine, *Par-delà les murs. Expériences et trajectoires en maison d'arrêt*, Paris, Puf/Le Monde, 2004.

12. A. Chauvenet, « Les longues peines : le "principe" de la peur », *Champ pénal/Penal field* [En ligne], vol. VI, 2009.

organisées, la lente amélioration de la protection des droits des détenus (par exemple la création de voies de recours contre les décisions des instances disciplinaires, le droit d'y être défendu, l'ouverture d'enquêtes et de procès pour agressions physiques ou sexuelles entre détenus…), l'organisation d'unités de vie familiales qui permettent de maintenir le lien des prisonniers avec leur famille, apportent sans doute un peu d'humanité dans un univers impitoyable. Pour autant, cela ne suffit pas à transformer les logiques d'une institution dont les exigences organisationnelles l'emportent toujours, en fin de compte, sur le souci de l'individu. Même le fonctionnement des établissements privatifs de liberté pour mineurs, pourtant récemment conçus afin de mieux associer les nécessités d'un projet éducatif avec celles de la contention, se révèle, en France, surdéterminé par les impératifs de sécurité[13].

La volonté de réformer l'univers pénitentiaire se heurte à de nombreux obstacles. Il n'est d'une part d'aucun rapport électoral d'investir dans l'amélioration du sort des détenus. Il est de ce point de vue bien plus rentable de se préoccuper de leurs victimes. Lorsque les gouvernements s'efforcent, dans un souci de protection des droits humains ou pour éviter les foudres de la communauté internationale, de proposer quelques aménagements humanistes, ils se heurtent fréquemment à des résistances dont celles des mouvements syndicaux pénitentiaires sont les plus virulentes. Leur activisme a d'ailleurs suscité l'attention des

---

13. G. Chantraine, N. Sallée, « Éduquer et punir. Travail éducatif, sécurité et discipline en EPM », *Revue française de sociologie*, n° 4, 2013 ; F. Bailleau, N. Gourmelon, P. Milburn, *Les établissements privatifs de liberté pour mineurs : entre logiques institutionnelles et pratiques professionnelles*, mission de recherche Droit et Justice, CESDIP, Études et données pénales, n° 112, 2012.

pouvoirs publics et l'intérêt des chercheurs. Dans une curieuse logique de mimétisme avec les prisonniers, les surveillants de prison ont le sentiment d'être dévalorisés et oubliés par la société. Aussi, toute réforme à destination des prévenus est-elle vécue comme injuste et motive de leur part une revendication symétrique. La nature de ces relations a fait l'objet de minutieuses observations, d'où il ressort que le rapport entre le détenu et son gardien n'est pas seulement basé sur la contrainte mais sur un échange de dons et de contre-dons permettant de maintenir un ordre toujours précaire[14]. Cette logique de négociation n'est pas sans contrepartie car elle exige quelques renoncements à l'application des règles disciplinaires et introduit un flou dans le cadre normatif. Elle renforce souvent une inégalité de traitement entre ceux qui connaissent le système et en maîtrisent les rouages pour en obtenir le maximum de satisfactions, et ceux qui n'y sont pas adaptés. Car les trajectoires des individus dans l'univers carcéral sont plus différenciées qu'il y paraît[15]. Les logiques d'emprise institutionnelle ne parviennent jamais totalement à anéantir l'expression de l'individualité. Des systèmes d'adaptation secondaires permettent aux détenus de préserver une part de leur identité ou de maximiser les avantages qu'ils pourront retirer de l'institution. Erving Goffman nous l'avait dit il y a déjà longtemps.

Une sociologie des « alternatives »

Un nombre important de mesures pénales présentencielles ou de sanctions sont exercées en milieu ouvert

---

14. A. Chauvenet, F. Orlic, G. Benguigui, *Le monde des surveillants de prison*, Paris, Puf, 1994.
15. G. Chantraine, *op. cit.*

ou, comme le disent les textes européens, dans la communauté. Peu de recherches sont consacrées à leur étude alors qu'elles ont été pourtant considérées à partir des années 1950 comme les étendards de la modernité pénale. L'engouement des chercheurs pour ces réponses pénales relativement invisibles s'est limité, dans les années 1960 et 1970, aux mesures éducatives à destination des mineurs délinquants, puis s'est peu à peu déplacé vers les mesures dites « alternatives » à l'emprisonnement des personnes majeures. En France, ces recherches ont pris pour objet la probation et le contrôle judiciaire socioéducatif, les permanences d'orientation pénale, le travail d'intérêt général[16] ou la réparation pour mineurs[17], puis plus récemment la surveillance électronique. Il faut en effet distinguer deux générations d'alternatives : les premières peuvent être qualifiées d'éducatives car elles ont l'objectif de responsabiliser et de réintégrer socialement les prévenus ou condamnés, les secondes, dans une logique de gestion des risques, sont vouées à en contrôler les comportements.

Les utopies réhabilitatives cherchèrent à donner du sens à des systèmes pénaux décriés par tous ceux qui, pendant la guerre 1939-1945, avaient fait la douloureuse expérience de l'enfermement. Le courant de la défense sociale nouvelle et ses ramifications internationales diffusèrent une idéologie humaniste, soutenue par l'apport des sciences humaines naissantes, affirmant que la resocialisation des délinquants devait être la tâche première de la réaction pénale. La probation fut la mesure la plus emblématique de

---

16. J. Faget, *Justice et travail social, Le rhizome pénal,* Toulouse, érès, 1992.
17. P. Milburn, *La réparation pénale à l'égard des mineurs,* Paris, Puf, 2005.

cette évolution. Balbutiée aux États Unis dès 1878, en Angleterre dès 1907, elle ne prit véritablement son envol qu'avec le décollage économique de l'État providence et ne fut consacrée en France qu'en 1958[18] (bien que conceptualisée dès 1912 et 1945 sous le vocable de « liberté surveillée pour les mineurs »). Les magistrats la prononcèrent sans modération tant elle était rassurante, assortie à la fois d'une prise en charge éducative et d'un contrôle des faits et gestes des condamnés. Mais elle fut victime de son succès dès lors que les ressources providentielles vinrent à se tarir, et les postes de travailleurs sociaux à se raréfier. Elle devint alors, tout au moins en France, de plus en plus ineffective, et malgré des résultats probants en termes d'insertion sociale et professionnelle sur quelques dossiers ciblés ou en matière de remboursement des victimes, l'ensemble de son fonctionnement se bureaucratisa[19]. C'est probablement ce diagnostic qui justifia outre-Atlantique, la théorie du *nothing works.* Le doute fut jeté sur les performances des interventions éducatives et l'on se mit à rechercher d'autres modalités moins chères et plus contraignantes de sanction. C'est alors que les travaux communautaires firent leur apparition. Leur caractère rétributif – accomplir un travail pour compenser le préjudice causé – plut à l'opinion publique. Leur mise en œuvre peu coûteuse, leur contribution potentielle à la lutte contre la surpopulation pénitentiaire, leurs vertus pédagogiques de responsabilisation des auteurs et de prise en compte des victimes, leur assurèrent le statut de « star » des alternatives. Quelques recherches tempérèrent cependant ce concert de louanges. Mon évaluation de 1993 faisait état, après une dizaine

18. J. Faget, *op. cit.*
19. *Ibid.*

d'années d'expérimentations créatives, d'une bureaucratisation des pratiques et d'un abandon progressif de l'étayage éducatif, au profit d'un simple contrôle des modalités d'une tâche de moins en moins valorisante et formatrice[20]. D'autres constats notèrent un décalage entre la prétention alternative à l'emprisonnement de ces sanctions et leur application prioritaire à des personnes qui, en leur absence, auraient été laissées en liberté. Il n'en fallut pas plus pour que soit conceptualisée la théorie du *net widening*, décrivant, comme l'avait évoqué Michel Foucault dans une conférence qu'il donna à Montréal en 1976, une extension du filet pénal, un envahissement du social par des logiques répressives au visage de plus en plus subtil, qui sous le couvert d'un objectif de soutien et de réinsertion imprégné de psychologisme, s'avéraient extrêmement menaçantes pour les libertés publiques. Cette « théorie du complot » étatique alimenta longtemps l'attitude critique des chercheurs. Et les réflexions de Gary Marx évoquant une « société à sécurité maximale[21] » pour désigner le raffinement croissant des technologies de surveillance, eurent un grand écho. Peu de voix s'élevèrent pour voir dans les travaux communautaires l'esquisse d'un changement paradigmatique et d'une atteinte significative portée à la rationalité pénale moderne (la sanction doit être acceptée et non plus imposée ; l'auteur devient sujet actif de sa condamnation au lieu de la subir ; la sanc-

20. J. Faget, « Travail d'intérêt général et médiation pénale en France », dans P. Mary (sous la direction de), *Travail d'intérêt général et médiation pénale. Socialisation du pénal ou pénalisation du social ?*, Bruxelles, Bruylant, 1997, p. 67-82.
21. G. Marx, « La société de sécurité maximale », *Déviance et société*, 12 (2), 1987, p. 147-166.

tion est exécutée au sein de la société civile et non de la prison[22]).

Le débat en était là lorsque se développa une deuxième génération d'alternatives de contrôle dont le modèle essentiel est celui de la surveillance électronique de condamnés laissés en milieu ouvert. Leurs agissements font alors l'objet d'un contrôle technologique (bracelets, géolocalisation, détection de la consommation d'alcool ou de drogue…) permettant de les localiser en permanence. Le succès quantitatif de ce type de mesure s'enracine dans le développement évoqué plus tôt de la « nouvelle pénologie », qui classe les délinquants, au moyen de grilles de prédiction, en fonction des risques de récidive qu'ils représentent. Ainsi, certains d'entre eux soit au cours de leur peine soit à son terme pourront sortir de prison mais sous la condition d'être « neutralisés », non pas en fonction de critères psychologiques ou sociaux, comme le travail social s'y emploie, mais essentiellement en fonction de critères de risques. Le cas le plus extrême concerne, du fait de l'impuissance de la science à déterminer clairement leur dangerosité, le cas de délinquants sexuels, qui, dans certains États américains, peuvent être astreints à vie par un dispositif de contrôle.

Ces contrôles technologiques transforment l'identité professionnelle de tous les acteurs concernés par leur application. Pour les travailleurs sociaux la dynamique relationnelle serait rompue par la place que prend la dimension technique du placement, et les questions de fonctionnement prendraient le pas sur

22. J.F. Cauchie, D. Kaminski, « Éléments pour une sociologie du changement pénal en Occident. Éclairage des concepts de rationalité pénale moderne et d'innovation pénale », *Champ pénal/Penal field* [En ligne], vol. IV, 2007.

les enjeux psychosociaux de la réinsertion[23]. Selon Marion Vacheret, cette dépendance envers les outils techniques, la perte de substance d'une relation de type clinique, la routinisation conséquente des pratiques d'exécution, induiraient la déresponsabilisation des agents[24]. Du coup les travailleurs sociaux seraient dans une situation identitaire incertaine répugnant à assurer des fonctions de contrôle qu'ils qualifient de policières, et à endosser un rôle de psychiatre ou de psychologue élaborant des pronostics de récidive. Les opérateurs de contrôle seraient eux-mêmes tenus de redéfinir leur identité de surveillant. Marie-Sophie Devresse indique que derrière leur écran, ils doivent interpréter, donner du sens aux informations qu'ils reçoivent, aux alarmes qui se déclenchent et qui sont enregistrées, et décider ensuite de signaler ou non les petites entorses au contrat que les condamnés ne manquent pas de commettre. Ils peuvent réintroduire du jeu, de la souplesse, dans le processus de surveillance, ce qui suppose un travail cognitif[25] plus assidu que ne l'étaient leurs pratiques antérieures.

Malgré les bénéfices qu'une telle mesure peut apporter à des personnes libérées des vicissitudes de l'univers carcéral, la plupart des évaluations sont très critiques. L'exigence d'un logement adapté à l'exécution de la peine induirait une inégalité de traitement

23. O. Razac, « Mesures de sûreté et travail social pénitentiaire », *Champ pénal/Penal field* [En ligne], vol. VIII, 2011.

24. M. Vacheret, « Scientificité, technicisation et mécanisation, la déresponsabilisation des agents pénaux », dans M. Vacheret, M. Jendly, P. Mary, B. Quirion, D. Robert (sous la direction de), *Le pénal aujourd'hui, pérennité ou mutation*, Actes du colloque, Montréal, 2008, p. 165-175.

25. M.-S. Devresse, « Innovation pénale et surveillance électronique : quelques réflexions sur une base empirique », *Champ pénal/Penal field* [En ligne], 2007.

vis-à-vis des condamnés vivant dans des habitats précaires inadéquats ou n'ayant pas de domicile. Le port du bracelet électronique entraverait la recherche d'un hébergement, du fait du stigmate qui pèse sur celui qui le porte, ou la quête d'un travail lorsque sa nature et ses horaires ne sont pas compatibles avec la mesure. Certains travaux dénoncent l'intrusion du pouvoir judiciaire dans la sphère privée quand il impose un partage des contraintes aux personnes qui vivent avec le condamné et transforme alors les relations familiales. La tonalité négative de ces recherches se fonde sur le constat que ces « alternatives » participeraient d'une extension globale du contrôle pénal, accroîtraient l'espace virtuel de la prison. Dès lors l'argument économique est invalidé par le fait que leurs coûts, bien que moindres, s'ajoutent à ceux de pratiques d'incarcération dont le nombre ne faiblit pas. Le recours à l'électronique ne serait qu'une « *technofallacy*[26] », recherchant un compromis fallacieux entre emprisonnement et régimes de confiance. Car la technique n'est ni autonome ni suffisante. Sans un accompagnement humain soutenu, son usage ne présente ni sens ni efficacité.

Une sociologie des « sorties » de la délinquance

Depuis les débuts de l'école de Chicago, les sociocriminologues se demandèrent comment on entre en délinquance, quelles sont les raisons du passage à l'acte. Plus tard le courant de l'interactionnisme symbolique déplaça le regard sur le rôle de la réaction sociale dans la production de la délinquance.

---

26. R.P. Corbett et G.T. Marx, « No soul in the machine : technofallacies in the electronic monitoring movement », *Justice Quarterly*, 8, 1991, p. 399-414.

Puis les théories rationalistes se focalisèrent sur les moyens de dissuader la réalisation des infractions. Mais ces différentes perspectives ne se posèrent pas réellement la question de savoir comment on sort de la délinquance. Est-ce le simple effet de la maturité puisqu'une des assertions les plus incontestables de la criminologie depuis les travaux d'Eleanor et Sheldon Glueck est l'affaissement du penchant à la criminalité avec l'âge[27] ? Est-ce au contraire grâce à la pertinence des réponses sociales et judiciaires ? Les *desistance studies* se sont efforcées de répondre à ces questions, soulignant tantôt l'effet de tournants structurels et sociaux tantôt celui de changements subjectifs.

Les tournants structurels et sociaux

Sampson et Laub continuèrent l'étude longitudinale initiée par les Glueck. En réalisant 52 entretiens avec les survivants, ils observèrent que le nombre des délits décroît avec l'âge mais que leur apogée comme leur déclin diffèrent d'un individu à l'autre[28]. Demandant aux interviewés de décrire les tournants de leur vie et de préciser sur un calendrier l'ordre des événements les plus marquants, le mariage, le service militaire, la maison de redressement, le travail et le déménagement furent le plus souvent évoqués. Pour les femmes, les planches de salut seraient la maturité, l'obtention d'un emploi, le changement de quartier, l'évitement de l'ancien réseau de pairs et, dans 25 % des cas, la naissance ou la croissance de leurs

---

27. S. Glueck, E. Glueck, *Unravelling Juvenile Delinquency*, Commonwealth Fund, New York, 1950.
28. R.J Sampson, J.H. Laub, « Life course desisters ? Trajectories of crime among delinquent boys followed to age 70 », *Criminology*, 41, 2008, p. 555-592.

enfants[29]. Sampson et Laub tirèrent de leur étude le constat du rôle éminent joué par les transformations du contrôle social informel. Elles impliquent à des degrés divers :

– une situation nouvelle qui « tire un trait » sur le passé ;

– un contexte institutionnel et social qui apporte une surveillance et ouvre des possibilités de soutien ;

– le changement des activités quotidiennes ;

– l'occasion de transformer son identité[30].

Les sortants de prison sont confrontés à des difficultés considérables pour se réinsérer. Ils ont des problèmes financiers, n'ont pas les moyens de se payer un logement, sont souvent abandonnés par leur famille, ne trouvent pas d'emploi, manquent de compétences professionnelles, ont des problèmes de santé physique ou psychique. Toute forme de soutien, d'accompagnement, l'existence de liens sociaux dans cette période de dénuement, est susceptible de favoriser leur intégration sociale. Ainsi une recherche sur les minorités ethniques en Angleterre montre que les Indiens sortent d'autant mieux de la délinquance qu'ils bénéficient de l'appui de structures communautaires fortes et solidaires qui permettent leur entrée dans la vie active. La planche de salut des Bangladais repose plus sur la religiosité et le pardon familial que sur le travail, tandis que les Noirs peinent à sortir de la délinquance du fait de leur isolement et de réseaux sociaux labiles et moins protecteurs[31].

---

29. J. E. Cobbina, « Femmes et sortie de la délinquance », dans M. Mohammed (sous la direction de), *Les sorties de la délinquance*, Paris, La Découverte, 2012, p. 112-130.

30. J.H. Sampson et J. Laub, *op. cit.*

31. A. Calverley, S. Farrall, « Individu, famille et communauté : des sorties ethnoculturelles de la délinquance ? », dans M. Mohammed (sous la direction de), *op. cit.*, p. 131-156.

Sampson et Laub notent que les « scenarii de rédemption » sont absents de la plupart des récits et que ce sont les changements de comportements, de modes de vie (par exemple le mariage a réduit de 25 % la probabilité de commettre un délit pour les 52 hommes de l'échantillon) qui impulsent l'évolution, et non pas une « transformation cognitive » ou un changement d'identité. Il ne s'agit pas d'un choix rationnel, du fruit d'une réflexion mais plutôt de la résultante de situations ou d'interactions nouvelles. Ainsi, plusieurs recherches font état de circonstances endogènes à la vie en bande, la perte d'un chef charismatique, le désenchantement provoqué par le fonctionnement interne du groupe, le fait de ne pas être intégré au noyau dur, la désolidarisation vis-à-vis d'actes jugés trop violents. Mais des données plus personnelles peuvent être le moteur d'une prise de distance, un désir de vie conventionnelle dû à l'âge, une relation amoureuse, l'accès à des responsabilités familiales, la lassitude générée par la rugosité et la violence du mode de vie délinquant, l'impossibilité d'une activité rémunératrice. Pour Marwan Mohammed, la sortie peut présenter plusieurs visages : la clochardisation et l'assistanat pour ceux qui présentaient des signes de fragilité psychique, une promotion criminelle ouvrant sur des revenus illégaux confortables pour les plus compétents (voir la théorie des opportunités différentielles de Cloward et Ohlin), ou bien une insertion sociale par le travail mais qui, du fait de l'absence de qualification des publics concernés, se traduit le plus souvent par l'occupation d'emplois précaires. Il y ajoute l'investissement dans une pratique religieuse accompagnée par des entrepreneurs moraux (musulmans)[32]. Toutefois, Mohammed prétend que sortir des bandes implique également un

32. M. Mohammed (sous la direction de), « Schémas de sortie de bande : de l'usure de la rue à l'ouverture sociale » », dans *op. cit.*, p. 182-209.

processus de changement personnel qui s'opère par va-et-vient, par tâtonnements successifs.

Les changements subjectifs

Pour certains chercheurs, l'abandon de la délinquance impliquerait, à côté des changements structurels et de situation, des transformations cognitives et identitaires. La théorie du miroir[33] de Shadd Maruna et Thomas LeBel, inspirée par le concept de *self fulfilling prophecy* proposé par Merton en 1948, montre que la réadaptation est le produit d'interactions entre soi et les proches. On croit en sa capacité de changer de vie lorsque l'entourage pense que c'est possible. Une telle affirmation valide les efforts des enseignants pour valoriser leurs étudiants ou ceux des travailleurs sociaux pour gratifier les efforts des jeunes délinquants et développer leur confiance en soi, une forme d'effet Pygmalion mis en lumière par la célèbre étude de Rosenthal et Jacobson[34].

Les théories psychologiques s'opposent à l'idée d'une transformation des carrières par des éléments exogènes. Les individus contribueraient eux-mêmes aux changements qui les affectent. Autrement dit, ce sont les changements d'attitude qui rendraient possible la transformation des conditions objectives de vie. L'amorce et la pérennisation d'une relation amoureuse seraient le produit d'une identité sexuelle plus claire, la pratique continue d'un travail structurant serait la conséquence d'un nouveau rapport à la

33. S. Maruna, T.P. LeBel, « Approche sociopsychologique des sorties de délinquance », dans M. Mohammed (sous la direction de), *op. cit.*, p. 45-60

34. R. Rosenthal, L. Jacobson (1968), *Pygmalion à l'école*, Paris, Casterman, 1994.

réalité. L'abandon de la délinquance dépendrait du passage de l'égocentrisme à l'intérêt porté à autrui, d'une acceptation des valeurs sociales, d'une conformisation aux règles en vigueur. Ce qui compte, ce n'est pas tant le fait de se marier, de mûrir, de trouver un emploi que les significations que prennent ces évolutions pour les personnes.

Il est probablement difficile de classer chronologiquement l'influence des facteurs structurels et personnels car ils sont intimement imbriqués dans une relation dynamique. Toutefois LeBel et ses collègues[35] considèrent que les facteurs subjectifs précèdent les facteurs structurels. Les entretiens qu'ils réalisèrent auprès de délinquants, pendant les derniers jours de leur peine de prison puis quatre à six mois après leur sortie, montrent que si tous ont rencontré d'énormes obstacles pour s'adapter aux contingences de la vie en liberté, leur état d'esprit avant leur libération semblait constituer un élément prédictif de leur réinsertion. Tandis qu'une image négative de soi laisse augurer d'une rechute, l'espoir en ses capacités, le fait de vouloir assumer ses obligations parentales, celui d'éprouver une culpabilité vis-à-vis de ses transgressions passées, semblent être des conditions nécessaires sinon suffisantes pour un avenir meilleur.

Le rôle des réponses judiciaires

Depuis l'affirmation de Durkheim selon laquelle la peine est surtout destinée à agir sur les honnêtes gens, la plupart des criminologues considèrent que l'effet pédagogique des sanctions pénales est douteux. Le

---

35. T.P. LeBel, R. Burnett, S. Maruna and S. Bushway, « The chicken and egg of subjective and social factors in desistance from crime », *European Journal of Criminology*, 5, 2, 2008, p. 130-158.

rôle péjoratif des sanctions carcérales a été affirmé depuis l'invention de la prison. Si son objectif était de resocialiser les détenus, on s'y prendrait autrement en développant à marche forcée leurs capacités cognitives et leurs habiletés sociales alors que la vie en prison est la plupart du temps un « temps vide[36] », fait de désœuvrement et de déresponsabilisation. La dernière étude française réalisée par Kensey et Benaouda montre en particulier la nocivité de l'emprisonnement pour les mineurs incarcérés, qui récidivent à 75 % et reviennent en prison dans les cinq ans pour 66 % d'entre eux. Cette probabilité dépend naturellement des infractions commises (le taux le plus fort concerne les coups et blessures volontaires) et du nombre de condamnations préalables[37]. Par contre l'octroi d'alternatives comme la libération conditionnelle[38] semble plus prometteur, même si les biais de sélection (n'en bénéficient que ceux qui se comportent bien en prison ou présentent des projets de sortie cohérents) incitent à la prudence.

Les *desistance studies* firent souffler un vent d'espoir dans ce sombre paysage. Comme l'a montré l'étude de LeBel et de ses collègues (2008), le sentiment d'être stigmatisé et exclu qui émerge chez les détenus lors des entretiens en prison est corrélé avec un taux supérieur de condamnation et de réincarcération. 38 des 40 personnes qui se sont senties stigmatisées ont été condamnées à nouveau (95 %) contre 21 sur les 86 (24 %) qui n'avaient pas éprouvé ce sentiment. L'effort doit alors être porté sur toutes les mesures

36. G. Chantraine, *op. cit.*

37. A. Kensey, A. Benaouda, « Les risques de récidive des sortants de prison : une nouvelle évaluation », *Cahiers d'études pénitentiaires et criminologiques*, n° 6, mai 2011.

38. Voir les travaux de P.-V. Tournier synthétisés dans *La prison. Une nécessité pour la République*, Paris, Buchet et Chastel, 2013.

qui renforcent le lien avec la communauté, comme le propose la théorie formulée par John Braithwaite. Pour ce dernier, il faut promouvoir une honte réintégrative s'exerçant grâce à un contrôle « chaud et ferme ». Le blâme doit s'adresser au comportement sans atteindre les caractéristiques de la personne. Il réprouve l'acte en préservant l'identité de son auteur. La désapprobation doit permettre à l'infracteur d'expérimenter le sens du lien qui le relie à ses proches et à sa communauté, car l'effet de la sanction dépend de la légitimité relationnelle de ceux qui la décident[39]. Maruna, LeBel et ses collègues proposent également de restaurer l'image que les détenus ont d'eux-mêmes. Dans cette optique ils proposent l'organisation de cérémonies de « désétiquetage », de rituels d'intronisation des anciens délinquants dans un monde nouveau où leur statut est redéfini positivement. Cette stigmatisation positive serait d'autant plus efficace qu'elle proviendrait « d'en haut », de magistrats ou de professeurs, comme une forme de rédemption publique. « Sans une reconnaissance extérieure, concrète de leur réforme (c'est-à-dire une sorte d'authentification), nombre d'individus pourraient bien ne pas être en mesure de poursuivre le processus ardu de "guérison" et de sortie de la délinquance[40]. »

Les réponses basées sur la menace, la surveillance coercitive, les camps de type militaire, le redressement par la peur, ne fonctionneraient pas. À l'inverse les dispositifs cognitivo-comportementaux (renforcement de la confiance, développement des

39. J. Braithwaite, *Crime, Shame and Reintegration*, Cambridge, Cambridge University Press, 1989, voir dans J. Faget, « Reintegrative shaming, à propos de la théorie de John Braithwaite », *Les Cahiers de la justice*, n° 1, 2006, p. 59-70.
40. S. Maruna, T.P. LeBel, *op. cit.*

attitudes pro-sociales, acquisition de compétences en résolution de problèmes, recherche d'emploi, éducation des enfants, gestion d'un budget, gestion du stress), les communautés thérapeutiques en milieu carcéral, les groupes de parole, donneraient de bons scores en matière de prévention de la récidive et de prévention de la consommation de psychotropes. La formation professionnelle et l'enseignement général en milieu carcéral seraient également efficaces, à la condition qu'existe un continuum d'action entre milieu fermé et milieu ouvert. Enfin, des processus de transformation de l'identité opérés par des mesures comme la réparation ou la médiation seraient porteuses de grands espoirs. Mais toute généralisation serait hasardeuse et le sur-mesure est en la matière conseillé par tous les observateurs. Ainsi, Sébastien Delarre montre que le taux de désistance varie en fonction du groupe d'infractions et selon le type de mesure prise à l'encontre du mineur. Pour les vols ou les violences, c'est le placement éducatif qui obtient le score de désistance le plus élevé (environ 80 %). Dans les cas de dégradations, suite à une mesure de réparation, 80 % des jeunes ne reviennent jamais devant un juge[41].

41. S. Delarre, « Trajectoires judiciaires des mineurs et désistance », *Infostat Justice*, n° 119, nov. 2012.

Conclusion

Depuis les prémisses durkheimiennes, les travaux empiriques de l'école de Chicago jusqu'aux approches postmodernes, nous avons accumulé un savoir respectable sur les conditions du passage à l'acte, nous en connaissons les déterminismes mais aussi les impondérables, fruits des interactions subtiles entre acteurs. Nous savons quels sont les liens sociaux qui préviennent les transgressions, les réponses sociales qui les contiennent et celles qui protègent au mieux les victimes, les réponses pénales qui ouvrent des perspectives d'adaptation aux délinquants et celles qui en fabriquent les carrières. Mais ces savoirs se veulent désormais modestes. Le temps n'est plus des criminologies prophétiques qui proposaient des modèles universels d'explication de la délinquance. Sitôt élaborées, les belles constructions théoriques se fracassent contre des réalités politiques, économiques et sociales en perpétuel mouvement. La mobilité et l'instabilité de nos sociétés contemporaines imposent une flexibilité intellectuelle qui transcende les approches disciplinaires traditionnelles et s'affranchit des frontières culturelles et nationales.

Le défi de la sociologie du crime a toujours été de faire tenir ensemble les fils de la trame sociale. Mais cet enjeu semble de nos jours plus complexe encore que par le passé. Car comment prendre la mesure de la criminalité globalisée (les prédations des grandes mafias internationales, les turpitudes de la finance, le terrorisme, la cybercriminalité, la mise en péril de l'équilibre écologique de la planète) ? Comment tempérer la dérive répressive des institutions face aux influences délétères des populismes de tous bords ? Comment prévenir les effets dévastateurs de la culture démagogique de la peur qui sépare toujours plus les individus au lieu de les rassembler ? Comment promouvoir le vivre ensemble face à la mobilité croissante des populations et au développement rampant des phénomènes de ségrégation et de sécession urbaines ? Comment dompter le primat accordé par l'institution judiciaire à des rationalités gestionnaires qui minent à bas bruit de fragiles traditions d'humanisme pénal ?

La sociocriminologie n'a pas les outils nécessaires pour répondre à toutes ces interrogations. Elle offre simplement la possibilité de semer le doute, d'ouvrir les boîtes noires, de dévoiler les apparences, de tirer des sonnettes d'alarme, d'agiter les cerveaux, de poser de nouvelles questions plutôt que de fournir des réponses simplistes à nos incertitudes. Ces tâches sont d'autant plus essentielles que, malgré la multiplication des droits accordés aux personnes ou la diversification des sanctions, la rationalité pénale reste ancrée dans une conception guerrière de la protection de la société. Le droit criminel s'exerce toujours de manière « hostile, abstraite, négative et atomiste [1] ». Le déviant est toujours conçu comme un ennemi auquel il faut infliger une souffrance pour compenser le préjudice causé, sans qu'on se préoccupe des liens sociaux qui

1. A. Pirès, « La rationalité pénale moderne, la société du risque et la judiciarisation de l'opinion publique », *Sociologie et sociétés*, n° 33(1), 2001, p. 179-204.

déterminent son action ou rendent possible son intégration sociale. Ce « cachot conceptuel », pour reprendre l'expression de Foucault, s'expliquerait par le fait que les systèmes sociaux « se constituent et se conservent par la production et la conservation d'une différence par rapport à l'environnement[2] ». Les expressions « système pénal » ou « justice pénale » révèlent que la mission fondatrice de l'institution répressive est la délivrance de peines dont on postule qu'elles contribuent à la protection de la société. Le recours à d'autres moyens pour assurer la régulation des comportements nuisibles rendrait poreuses les frontières séparant le système pénal des sous-systèmes voisins[3] (droit civil, politiques sociales, éducatives, sanitaires…). On peut alors expliquer la frilosité des acteurs du système criminel, car « la préservation de certaines sanctions est la condition *sine qua non* de la préservation du système lui-même et de son identité[4] ». Si la prison reste la réponse étalon de l'institution, ce n'est pas en raison de son efficacité – les preuves scientifiques sont innombrables pour attester que ce n'est pas le cas –, mais parce qu'elle fonde l'identité même du système qui l'ordonne et la contrôle. On peut, de ce point de vue, considérer que c'est la sanction carcérale qui légitime l'institution répressive plus que l'inverse.

Ainsi s'expliqueraient les résistances à accueillir les formes de traitement (procédures participatives, discours et postures non stigmatisants…) de sanction

2. N. Luhman, *Systèmes sociaux. Esquisse d'une théorie générale*, Québec, Presses de l'Université Laval, 2010.

3. J. Faget, *Justice et travail social. Le rhizome pénal*, Toulouse, érès, 1992.

4. R. Dubé, « la fonction du droit criminel moderne. De la protection de la société à la stabilisation des expectatives normatives », *Droit et société*, n° 82, 2012, p. 661-688.

ou de régulation (cercles de détermination de la peine, conférences communautaires, médiations, réparations, suivis éducatifs intensifs, régimes de confiance structurants, stages de développement de l'intelligence émotionnelle, de gestion du stress, d'éducation à la citoyenneté, groupes de parole...) qui proposent de refonder le sens de l'intervention judiciaire. Ainsi s'expliquerait l'échec de la criminologie à modifier structurellement la rationalité pénale traditionnelle, d'autant que le recrutement des acteurs du champ pénal (universitaires, travailleurs sociaux, magistrats, avocats, policiers, gendarmes, directeurs de prison, surveillants, responsables locaux de prévention et de sécurité, acteurs de l'aide aux victimes...) repose sur un principe d'ignorance criminologique[5] (aucun diplôme ni examen spécialisé en criminologie n'est exigé).

Doit-on en conclure que la forteresse pénale est impénétrable à la rationalité scientifique, que le savoir criminologique ne pourra jamais en transformer les logiques ? Dubé pense que non, à condition de « concevoir autrement la fonction du droit criminel sans compromettre la préservation de ses frontières[6] » et donc son existence. La préservation de l'identité « anthropologique » du système (exercice du monopole de la violence physique légitime, mise en œuvre d'une vengeance institutionnalisée par l'imposition de peines) doit être préservée mais réduite à la sanction des transgressions les plus nuisibles à la collectivité[7] et les plus rares. Ainsi légitimé, il pour-

5. P.-V. Tournier (sous la direction de), *La babel criminologique. Formation et recherche sur le phénomène criminel : sortir de l'exception française ?*, Paris, L'Harmattan, 2009.

6. R. Dubé, *op. cit.*

7. Ce qui suppose, chose malaisée qui ne peut passer que par l'organisation régulière de conférences de consensus, de se mettre d'accord sur une échelle de gravité acceptable par les experts et les citoyens.

rait alors plus sereinement s'ouvrir à des opérations de « maintien de la paix » mêlant logiques juridiques, sanitaires et sociales, et à ce que Pirès nomme des « expectatives juridiques ». Un tel système, s'ouvrant plus largement aux principes du droit civil, aurait pour mission de mettre en ordre la vie collective, et en particulier la régulation des déviances, autour de garanties juridiques fondamentales. Cette mission reposerait sur un renversement de l'ordre des interventions institutionnelles. Au lieu d'être en première ligne, la justice pénale n'interviendrait qu'en dernier recours lorsque les modes amiables de régulation des conflits ont échoué, ou pour exercer un contrôle de légalité sur les méthodes d'enquête et l'effectivité des droits des acteurs dans les contextes judiciaires, thérapeutiques ou éducatifs.
Cet *aggiornamento* n'est cependant pas aisé à réaliser dans un contexte général où la « pénalisation du social » va bon train. Il suppose que le système accepte de diminuer son étreinte, de confier à d'autres instances la régulation de nombreux contentieux qui l'asphyxient, pour mieux se concentrer sur ceux qui revêtent une haute portée symbolique. La transformation croissante de l'appareil judiciaire en une bureaucratie gestionnaire ne peut perdurer sans déstabiliser gravement l'édifice démocratique. Seuls le choix d'un recentrage sur des fonctions expressives puissantes et l'exercice assidu d'une mission de vigilance juridique sur les opérations de contrôle social peuvent participer utilement à la fabrication de la paix.

Table des matières

Achevé d'imprimer

G.N. Impressions – 31340 Villematier
Email : gnimpressions@wanadoo.fr

Dépôt légal : septembre 2013

Imprimé en France